SOPA

Jon Gordon

Sopa

Una receta para potenciar
la cultura y el trabajo en equipo
en las organizaciones

EMPRESA ACTIVA

Argentina - Chile - Colombia - España
Estados Unidos - México - Perú - Uruguay - Venezuela

Título original: *Soup*
Editor original: John Wiley & Sons, Inc., Hoboken, New Jersey
Traducción: Daniel Menezo García

1.ª edición Enero 2013

Nota del autor:
Esta es una obra de ficción con personajes y entidades de ficción (Grandma's Soup House y Soup, Inc.). El autor no patrocina ninguna marca de sopa real ni tiene vínculos con ninguna compañía fabricante de alimentos.

ISBN: 978-84-96627-56-7
E-ISBN: 978-84-9944-475-8
Depósito legal: B-31298-2012

Fotocomposición: Infillibres, S. L.
Impreso por: Romanyà-Valls – Verdaguer, 1
08786 Capellades (Barcelona)

Impreso en España — *Printed in Spain*

Para mis abuelos, Martin y Janice Gordon.
Vuestro amor supuso la gran diferencia.

Índice

Índice

Agradecimientos

D oy las gracias a todas las personas que me ayudaron a remover la olla y a preparar esta *Sopa*.

Gracias a mi esposa, Kathryn, por tus ánimos constantes, tu amor y tu apoyo, y por forjar en nuestro hogar la cultura de la grandeza.

Gracias a mi publicista, Matt Holt, y a mi editora, Shannon Vargo, y a Beth Zipko, Kim Dayman, Larry Olson y al resto del equipo en Wiley, por ser algo más que una editorial. Sois parte de la familia.

Gracias a mi agente, y genio del marketing, Daniel Decker, por tu arduo trabajo, tu talento y tu respaldo. Formamos un gran equipo.

Gracias a todos los que preparan sopa en este mundo, removiendo el caldero con amor. Espero que disfruten de este libro.

Sobre todo, doy gracias a Dios por la relación más importante de mi vida. Gracias por el pan cotidiano. Me nutres y me das fuerzas. Estoy aquí para conocerte, amarte y servirte.

Introducción

Cuando pienso en sopa, siempre me acuerdo de mi abuela. Le encantaba cocinar, y para ella la comida y el amor eran la misma cosa. Cuando cocinaba no se limitaba a preparar una colación: vertía el amor que llevaba en el corazón, y compartía ese cariño con su familia. Cuando tomábamos su comida, le devolvíamos ese amor. Y no ha habido ninguna sopa, da igual quién la haya preparado, que me haya sabido tan buena como la suya. Lo que marcaba la diferencia era su amor.

He descubierto que la persona que remueve la olla influye en lo que hay en su interior. Por ejemplo, ¿sabía usted que algunos expertos son capaces de averiguar la personalidad de un cosechador sólo con paladear el vino que elabora? Los chefs se enfrentan a un reto bastante frecuente al que llamo «el fenómeno de remover la olla». Da lo mismo el cuidado con el que distintos chefs sigan una misma receta; el producto final siempre varía un poco, porque no podemos separar a quien remueve el caldero de lo que contiene éste.

Lo mismo sucede en la empresa y en cualquier faceta de la vida. Cada día usted remueve la olla de esta vida, y el ingrediente más importante que puede incluir en la sopa es usted mismo. Su amor, optimismo, confianza, visión, comunicación, autenticidad, apreciación y pasión hacen que la vida sea deliciosa, y las relaciones que forja en el trabajo y en el hogar determinan la sustancia y la calidad de su sopa.

A lo largo de mi trabajo con incontables empresas, equipos deportivos profesionales, hospitales y centros de enseñanza, he visto de primera mano cómo el modo en que una persona agarra el cucharón y decide remover la olla puede suponer una diferencia. Una persona que decide sacar lo mejor que hay en otros al compartir con ellos lo mejor que lleva dentro puede transformar equipos y organizaciones.

Tengo la esperanza de que, al leer este libro, usted decida ser esa persona; que, mediante su ejemplo, guíe a su compañía, su equipo, su familia, su aula, su iglesia, su hospital. Que invierta en otros y forje relaciones participativas que fomenten el trabajo en equipo y creen una cultura de grandeza.

La sopa es para disfrutarla en compañía. Así que vamos a leer juntos, aprender juntos, comer juntos, dirigir juntos y obtener el éxito también juntos.

¡Que aproveche!

1

Hambrienta

A Nancy le rugía el estómago mientras caminaba con Brenda hacia su restaurante favorito: un chiringuito especializado en burritos, con el suelo sucio, muebles viejos y burritos baratos y descomunales. Después de una mañana larga que había pasado analizando hojas de cálculo, leyendo informes y participando en acaloradas discusiones que se prolongaron hasta la hora del almuerzo, Nancy estaba cansada, hambrienta, y necesitaba comer algo... cuanto antes.

No quería pensar en las malas noticias que revelaban las hojas de cálculo. No quería seguir preocupándose por los informes, y tampoco hablar con ninguna persona más sobre el futuro de la compañía. Lo único que le apetecía era comer. Sin embargo, en lugar de dirigirse al restaurante de los burritos, agarró del brazo a Brenda y le susurró: «Sigue andando». Su intuición era más fuerte que su hambre, y le decía que aquel hombre con bigote y traje azul las estaba siguiendo.

—¿Qué pasa? —preguntó Brenda cuando Nancy apresuró el paso aún más.

Nancy señaló e hizo un movimiento con la cabeza hacia el hombre que las seguía.

—Otra vez —comentó Brenda.

—Sí, otra vez. Venga, vamos a despistarle —repuso Nancy agarrando del brazo a Brenda mientras echaban a correr calle abajo. Unos instantes después, cuando llegaron a un cruce, giraron a la izquierda, luego rápidamente a la derecha y luego tomaron la siguiente calle a la izquierda, zigzagueando por el centro de la ciudad, con la esperanza de perder de vista a su perseguidor.

La primera vez que Nancy se dio cuenta de que alguien la seguía, unos meses atrás, se aterrorizó. Había telefoneado a su esposo, un agente de policía jubilado, pero ese mismo día, durante una reunión de empresa, se enteró de que posiblemente se trataba de algún tipo de espionaje industrial. *Más bien será un espionaje anormal*, pensó. Le dijeron que aquello formaba parte del cargo que ocupaba, como directora recién nombrada de una empresa que estaba en el punto de mira de todo el mundo. Como el precio de sus acciones caía en picado, los beneficios iban a menos y los rumores se propagaban por doquier, la compañía era una buena candidata para una adquisición; esto quería decir que los periodistas de economía, los inversores, los compradores potenciales y los hombres de negocios poderosos estaban haciendo los deberes sobre la empresa, y además que les interesaba saber más cosas sobre la nueva directora.

Su vida no corría peligro, pero su privacidad sí, y eso a Nancy no le gustaba en absoluto. Siempre hacía todo lo posible para mantener alejadas de su vida las miradas curiosas, aunque esto supusiera renunciar a unos burritos con los que se te hacía la boca agua y correr por las calles del centro. Afortunadamente su esfuerzo sirvió de algo, y cuando Nancy y Brenda se detuvieron en mitad de una calle y miraron a su alrededor, su perseguidor no se veía por ninguna parte. Le habían despistado, y ahora tocaba almorzar. Pero, ¿dónde?

Nancy se fijó que al final de la calle había una cola bastante larga de personas, y a medida que ella y Brenda se aproximaban descubrieron que todas estaban esperando para comer en un restaurante. Brenda levantó la vista y leyó el rótulo del establecimiento: GRANDMA'S SOUP HOUSE.

Vamos a almorzar aquí —propuso Brenda.

—¿Lo dices en serio? —preguntó Nancy—. Nosotros *hacemos* sopa. Vivimos la sopa, la respiramos. Cada día de nuestras vidas estamos rodeadas de sopa. ¿De verdad crees que me apetece almorzar sopa? ¡Ya estoy harta de tanta sopa!

—¡Anda, venga ya! —replicó Brenda—. ¿Dónde vamos a comer si no? Y además fíjate en esta cola. Son casi la una y media y el sitio sigue estando lleno. Tiene que ser bueno. Además, seguramente también sirven bocadillos y ensaladas.

—Vale, —dijo Nancy, consciente de que su apetito estaba ganando la partida a su voluntad—. Pero si no es bueno, mañana a los burritos invitas tú.

Trato hecho —respondió Brenda.

2

Grandma's Soup House

La cola avanzaba rápidamente, y al cabo de poco tiempo hicieron su pedido a una joven muy mona que estaba al otro lado del mostrador. Era uno de esos sitios rápidos e informales, donde uno hace el pedido, le dan un número y luego espera sentado a la mesa hasta que alguien le trae la comida. La buena noticia era que el restaurante estaba limpio, el personal era agradable y el olor de la comida impresionante. Sin embargo, la mala noticia para Nancy era que no servían bocadillos, rollitos ni ensaladas. De hecho, lo único que servían era sopa y pan.

Estupendo, pensó Nancy mientras ella y Brenda pedían una sopa y les entregaban un bol de plástico vacío donde figuraba su número de pedido. La persona que estaba en la caja registradora les dijo que dejasen el tazón en un extremo de la mesa, con el número mirando hacia fuera, y que dentro de poco alguien les llevaría la comida.

En la mayoría de restaurantes, eso de que la comida estará lista «dentro de poco» suele conllevar una espera de entre quince y veinte minutos. Pero en este caso, la chica de la registradora tenía razón: al cabo de dos minutos, un apuesto joven de veintitantos años, con el cabello oscuro y los ojos azules, les puso en la mesa la sopa y el pan, acompañados de una gran sonrisa y una cálida bienvenida.

—¿Había venido antes a Grandma's Soup House? Su cara me resulta muy familiar —les dijo mientras miraba a Nancy. Sabía que la había visto antes en otra parte, pero no lograba acordarse de dónde.

—No, ésta es nuestra primera vez —respondió Brenda—. Hemos encontrado este sitio casi por casualidad.

—Bueno, pues me alegro de que lo hicieran. Me llamo Peter. Si necesitan algo, pídanmelo. Espero que les guste la sopa —dijo antes de regresar a la cocina.

—Seguro que sí —dijo Brenda mientras lanzaba una sonrisa burlona a Nancy, que probó la primera cucharada.

El aroma tendría que haberla preparado: aquella sopa no era cualquier cosa. Era la mejor sopa que había probado en su vida.

—¿Y bien? —preguntó Brenda, aguardando el veredicto.

—¡Caray, estoy impresionada! —exclamó Nancy mientras Brenda probaba la sopa.

—Sí, me da que mañana no tendré que pagar unos burritos —bromeó Brenda.

—No, está claro que no —repuso Nancy mientras atacaba su sopa con apetito y entusiasmo, saboreando cada cucharada. La sopa estaba tan buena que Nancy y Brenda no mediaron palabra hasta que hubieron acabado el tazón. Incluso limpiaron los boles con el pan, con la esperanza de prolongar un poco más aquel sabor.

—¡Debían tener hambre! —comentó Peter mientras se acercaba a la mesa con una gran sonrisa—.¿Les ha gustado la sopa?

—Nos ha encantado, como puedes comprobar —contestó Brenda.

—Es la mejor sopa que he comido jamás. ¿Cuál es el secreto? —preguntó Nancy.

—Mi abuela. Prepara la sopa a diario.

—O sea, que hay una abuela de verdad en Grandma's Soup House —dijo Nancy, asintiendo con la cabeza—. Eso me gusta. Creía que el nombre sólo era una treta comercial atractiva pero poco definida, y que en realidad Grandma era un tío calvo y cincuentón con bigote, que fumaba cigarrillos en la cocina mientras calentaba sopa de lata.

—¡Uy, no! —dijo Peter—. La abuela es muy real, y es el motivo por el que trabajo aquí. Me licencié en la Universidad de Cornell y, justo en esa época mi abuela me pidió que abriera este restaurante con ella. Somos socios al cincuenta por ciento. Yo siempre había pensado que después de acabar empresariales trabajaría para alguna gran compañía o que probaría suerte en Wall Street. Me entrevistaron algunas empresas de la lista Fortune 500, que querían incorporarme en sus programas de dirección empresarial, pero al final me encontré aquí, y la verdad es que no lo lamento en absoluto. De hecho, he aprendido más en los seis primeros meses que he trabajado aquí que durante todos mis años de estudios. La abuela es una mujer muy lista. Sabe más de los negocios de lo que podríamos pensar. Bueno, en realidad está en la cocina. ¿Les gustaría conocerla? Verán lo real que es.

Brenda y Nancy se miraron, y Nancy respondió:

—Claro.

Sabía que esa tarde les esperaba un montón de trabajo, pero al mismo tiempo sentía mucha curiosidad por descubrir qué era lo que hacía que la sopa fuese tan buena.

3

La abuela

Cuando entraron en la cocina descubrieron inmediatamente a la abuela. Era difícil no verla: la cocina era pequeña y la abuela no. Tenía un rostro agraciado, una gran sonrisa e irradiaba cariño por todos los costados.

—¡Hola, hola, hola! ¿A quién tenemos aquí, Peter? —preguntó alegremente mientras removía una enorme olla de sopa con un gran cucharón de madera.

—Dejaré que se presenten ellas mismas –respondió sabiamente Peter, al darse cuenta de que las dos mujeres no le habían revelado sus nombres.

Nancy se presentó mientras se aproximaba a la abuela con la mano extendida, pero la anciana no hizo caso de aquel gesto.

Envolvió a Nancy con sus grandes brazos, dándole un buen apretón, y dijo:

—Lo de estrechar la mano es para los desconocidos. Los abrazos, para la familia.

Brenda, que sabía que era la siguiente, se acercó a la abuela y también recibió un fuerte abrazo mientras se presentaba. Estaba claro que para aquella mujer no había desconocidos, porque en el mismo momento en que uno la conocía se convertía en parte de su familia.

—Así que, ¿les ha gustado mi sopa? —preguntó la abuela.

—Nos encantó —repuso Nancy—. Por eso estábamos interesadas en conocerla para preguntarle...

Pero, antes de que pudiera concluir la frase, la abuela la interrumpió y dijo alegremente:

—¡Es *maravilloso*! ¡Me alegro mucho! Pero cuénteme algo de *usted*. Cuénteme algo de su *familia*.

La abuela, que ya había descubierto que Nancy era una mujer de negocios gracias al traje sofisticado que vestía, se planteó preguntarle cosas sobre su negocio y su trabajo, pero en realidad le interesaba más la persona en el interior del traje. La abuela sabía que cada persona que acudía a un trabajo no llevaba consigo sólo un maletín, sino también los sueños de su infancia, su familia, su historia, su vida hogareña y sus problemas. A la abuela no le interesaban las máscaras ni las fachadas; quería llegar hasta el fondo de una persona, y con frecuencia lo conseguía. Se enteraba de más cosas sobre una persona en diez minutos de las que podría descubrir la mayoría de personas en diez años. Desarmaba a las personas con sus abrazos, su calidez y su sonrisa; y Nancy, para sorpresa suya, descubrió que se abría a ella. Le habló a la abuela de sus dos hijos, que estaban en un equipo de fútbol en el instituto, de su hija de primero de secundaria, a quien le gustaba cantar y bailar, y de su marido, cariñoso y atento, que acababa de jubilarse del cuerpo de policía después de veinte años de servicio; y también le habló de su propio trabajo como directora de Soup, Inc.

—Conozco bien esa empresa —dijo la abuela—. Cuando mis hijos eran pequeños y no tenía tiempo de preparar mi sopa casera, solía abrir una lata de sopa de su compañía. Ahora las dos nos dedicamos al negocio de la sopa. ¿No es estupendo?

—¡Sabía que la había visto en alguna parte! —comentó Peter, emocionado—. Me he estado rompiendo la cabeza para averiguar de qué la conocía. Fue en el artículo que leí sobre usted en el *Times*. Decía que intentaba cambiar las cosas en Soup Inc. Después de leer aquel artículo me convertí en un gran fan de usted. Es todo un honor que esté en nuestro restaurante.

—Gracias, Peter, es todo un detalle. Hacemos lo que podemos —dijo, sabiendo en ese mismo instante que era hora de irse—. Brenda y yo tenemos que volver al trabajo. Como pueden imaginar, ahora mismo tenemos tela que cortar.

Volviéndose hacia Brenda, le indicó con un gesto que era el momento de irse. Dio las gracias a la abuela y a Peter por su hospitalidad y por aquella sopa tan deliciosa y prometió que volvería.

La abuela de dio un gran abrazo de despedida y dijo:

—Espero que vuelva alguna vez.

—Por supuesto —respondió Nancy, sabiendo perfectamente que no era verdad.

4

Nancy

Mientras ella y Brenda deshacían el camino hacia la sede de Soup Inc., Nancy se iba dando de latigazos por haber mencionado que era la directora de aquella empresa. La gente la trataba como si fuera una celebridad o una estrella del rock, pero no se sentía así. Después de todo, pocos meses antes, antes de que la junta la eligiese para dirigir la compañía (y, con suerte, salvarla), había sido la vicepresidenta de marketing. La junta le dijo que su equipo de marketing y las campañas publicitarias eran lo único aprovechable de toda la empresa, y que ella manifestaba la capacidad de liderazgo, innovación y creatividad que necesitaba la compañía. Aunque la junta puso en ella su confianza, Nancy aún no se fiaba de sí misma. Nunca había dirigido una compañía, por no mencionar una empresa que caía en picado hacia una muerte casi segura. Soup Inc., que en otros tiempos había sido todo un icono del mundo empresarial norteamericano, ahora había perdido el rumbo, y la misión de Nancy consistía en ayudarla a recuperalo. Sin embargo, no tenía ni idea de cuál era el siguiente paso que debía dar. De *marketing* sí que sabía; dominaba la *publicidad* y tenía claro cuando se producía un *aumento de ventas*. Siempre se podía medir el éxito de las campañas publicitarias. Se podía evaluar si el índice de ventas aumentaba o descendía. Pero el negativismo y el entorno tóxico en el que se movía Soup Inc., era algo para lo que ella no estaba preparada.

Cuando Peter mencionó aquel artículo en el *Times*, recordó lo desorientada que estaba. El artículo decía que, aunque Nancy estaba introduciendo un nuevo plan, la posibilidad de que lograse algo positivo era casi nula. Nancy quería conocer el secreto de la sopa de la abuela, pero no tenía tiempo para más palabrería. Tenía que volver al trabajo y descubrir la manera de que Soup Inc. pudiera salir del bache y conseguir que las ventas volvieran a subir. No había pensado en volver a Grandma's Soup House, pero no podía quitarse de la cabeza aquella sopa. ¿Qué hacía que fuese tan buena?

5

Otro tazón

La tentación de volver al local fue demasiado fuerte, y al día siguiente Nancy estaba sentada a una mesa de Grandma's Soup House, y pensaba en aquella larga mañana repleta de conferencias telefónicas, debates e ideas destinadas a aumentar las ventas. Había pensado en pedir a Brenda que encargase el almuerzo, pero no dejaba de pensar en Grandma's Soup House. Tenía que averiguar qué hacía que aquella sopa fuese tan buena, y además aquello constituía una buena excusa para disfrutar de otro tazón. Brenda había querido acompañarla, pero tenía demasiado trabajo pendiente, y aparte Nancy pensaba que la abuela sería más propensa a revelarle sus secretos si iba sola. Prometió a Brenda que le llevaría un bol de sopa.

Nancy acabó de tomarse la sopa, maravillándose ante el número de personas que hacía cola para comer en el restaurante. Hoy la cola era incluso más larga que el día anterior. Sin embargo, avanzaba rápidamente, y parecía que a aquellas personas no les importaba esperar. O quizá sí les importaba, pero la sopa valía la pena la espera. Observó cómo algunos individuos sonreían, anticipando el momento de hacer su pedido, cómo iniciaban conversaciones con perfectos desconocidos y, emocionados, explicaban el proceso de pedido a los novatos que aún no habían visitado Grandma's Soup House. Se le ocurrió que *la buena sopa alegra a las personas y las une.* Sacó su bloc de notas y apuntó la idea. Cuando levantó la vista, vio que Peter salía de la cocina. Sus miradas se cruzaron, y él se acercó a saludarla.

—Me alegro de volver a verla —dijo—. Es estupendo que haya vuelto. A la abuela le va a encantar verla.

—¿Tiene tiempo para conversar? —preguntó Nancy—. Si está ocupada no quisiera molestarla.

—¡Oh, no, qué va! Ahora mismo está preparando más sopa, pero tiene tiempo. Desde que se publicó aquel artículo en el periódico hemos estado más ocupados que nunca. Da la sensación de que cada mañana tenemos que preparar más sopa. Eso forma parte del proceso de crecimiento.

—Sí, ya sé a qué te refieres —dijo Nancy, mientras sentía el deseo de que su propia empresa experimentara un proceso de crecimiento.

—Acompáñeme —dijo Peter, mientras la conducía a la cocina.

La abuela propinó a Nancy otro abrazo contundente.

—¡Me alegro tanto de volver a verla! —exclamó cariñosamente—. Así que no podía mantenerse lejos de mi sopa, ¿eh?

—Pues la verdad es que no. No podía dejar de pensar en ella: el aroma, el sabor, lo que te hace sentir.

—Sí, tiene ese efecto sobre las personas, dijo la abuela, sonriendo.

—¿Cuál es el secreto? —preguntó Nancy mientras paseaba la mirada por la cocina y veía un tablón de anuncios con fotos de niños sonrientes.

La abuela soltó una carcajada.

—Todo el mundo quiere conocer el secreto. Pero no es lo que usted piensa —añadió, mientras meneaba un dedo ante los ojos de Nancy.

—Entonces, ¿cuál *es*? —preguntó ésta, esperando que ése no fuera el punto final de la conversación.

La abuela tenía una respuesta para ella, pero el secreto no tenía nada que ver con la comida.

6

La importancia de quien remueve la olla

La abuela apoyó la mano en el hombro de Nancy.

—«Todo el mundo piensa que se trata de los alimentos, y aunque utilizo los ingredientes más frescos que encuentro, hay muchos restaurantes que hacen lo mismo.» Otros dicen que son las recetas, pero aunque las recetas de mis sopas llevan generaciones en mi familia, no tienen nada de extraordinario. Sí, es cierto que las recetas hacen que la sopa sea sabrosa, pero en el mundo existe un gran número de recetas excelentes. El secreto soy *yo*. ¡Es importante quién remueve la olla! —exclamó—. «¡Es imposible separar la sopa de quien la prepara!»

—¿Y eso por qué? —preguntó Nancy, intentando comprender lo que le estaba diciendo la abuela.

—Porque *usted* es el ingrediente número uno en todo lo que hace —respondió la abuela—. Da lo mismo que sea un cuadro, una poesía, una casa, una empresa o un bol de sopa, la energía que invierte en ello influye en su creación.

La abuela prosiguió:

—Por ejemplo, ¿sabe que algunos expertos en vino pueden averiguar la personalidad de un cosechador sólo con probar el vino que ha elaborado? Hay un reto al que se enfrentan a menudo los chefs, y al que yo llamo «el fenómeno de remover la olla». Da igual el cuidado con el que diversos chefs sigan una misma receta: el producto final siempre varía un poco. Incluso si dos chefs hacen las cosas exactamente de la misma manera, el producto final siempre será ligeramente distinto. ¡Quien remueve el puchero influye en lo que hay dentro!

La mirada de la abuela se encendió con el recuerdo:

—Yo también aprendí esta verdad cuando era pequeña. A mi abuela le encantaba cocinar, y para ella el alimento y el amor eran una misma cosa. Cuando cocinaba, no se limitaba a preparar un almuerzo: vertía el amor que llevaba en su corazón, compartiéndolo con su familia. Cuando tomábamos su comida, le devolvíamos ese amor. Y *no hay* ninguna comida, da igual quién la prepare, que sepa tan buena como la que ella nos daba. Su amor marcaba la diferencia; y creo que el ingrediente secreto es ese mismo amor que pongo en mi sopa. O sea, que el secreto soy *yo*.

—Lo mismo pasa con nuestro negocio —añadió Peter—. La gente siempre nos pregunta por qué nuestro negocio va tan bien, y no se trata sólo de la sopa. En nuestro personal y en nuestro negocio invertimos la misma energía que mi abuela pone en su sopa.

—Y esto también es aplicable a *su* negocio —dijo la abuela mientras seguía removiendo la sopa—. Tanto si hacemos sopa como si administramos un restaurante o dirigimos una gran empresa como Soup Inc., el fenómeno de «remover la olla» sigue siendo el mismo.

Luego dijo algo tan importante que Nancy sacó su bloc de notas y le pidió que lo repitiera. Esto es lo que dijo la abuela:

El amor y la energía que invertimos en nuestra vida y en nuestro trabajo determinan su calidad. El amor que compartimos para criar a nuestros hijos, formar a los empleados o ayudar a un cliente influye en el producto final. El amor o la falta de amor que nos ofrecemos y que compartimos con otros determinará si nuestra vida es dulce o amarga. Determina el tejido y la textura de nuestras relaciones, y el modo en que otros nos ven y nos reciben. Cuando amamos a nuestros hijos, lo sienten. Cuando removemos la olla en el trabajo con amor, nuestros clientes y nuestros compañeros se dan cuenta. De igual manera que la sopa es un reflejo de quien la elabora, nuestras vidas, profesiones y negocios son un reflejo del amor y de la energía que invertimos en ellos.

Entonces la abuela dejó de remover la sopa y depositó las manos sobre los hombros de Nancy.

—Peter me habló del artículo en el *Times* y de los problemas a los que se enfrenta —dijo, mientras asentía con la cabeza, un gesto reconfortante—, y tiene que aprender algo muy importante, que es esto: aunque su compañía ha tenido a otros directores que han removido la olla, *usted* nunca ha señalado el camino. El pasado, pasado está. Los líderes anteriores a usted tomaron decisiones que dieron como resultado una mala sopa. Pero usted puede elaborar una sopa nueva, y recuerde: el ingrediente más importante es *usted*. Quien remueve la olla tiene importancia, y usted, querida, tiene mucha.

7

Hay maestros por doquier

Nancy sonrió. Sabía que todo lo que decía la abuela era cierto, pero le sorprendió que un consejo tan impresionante procediera de ella. Vacilaba en hablar de Soup Inc., pero no podía discrepar de lo que le decía la abuela. En el fondo de su corazón se sentía diferente, y creía que podía hacer un trabajo mejor que el de sus predecesores, pero su falta de experiencia como líder la amedrentaba. Se había preguntado un millón de veces por qué había aceptado el trabajo, pero algo la había obligado a hacerlo. Siempre había creído que hay maestros por doquier, e intentaba aprender de todos aquellos a los que conocía. Se consideraba una alumna de por vida. Era una lección que había aprendido de su padre, que fue entrenador de la NFL, y era una idea que llevaba consigo durante toda su vida. Pero tenía que admitir que la cocina de un restaurante donde servían sopa era el lugar menos probable en el que esperaba hallar las soluciones que buscaba, y que la abuela era la maestra más inesperada.

—Pero, ¿cómo sabe usted tanto de cómo dirigir un negocio con éxito? —preguntó Nancy.

La abuela se echó a reír.

—Oh, no sé mucho de negocios, ése es el terreno de Peter. Pero sé cosas sobre los alimentos, y también sobre las personas. Sé lo que es criar a los hijos, y sé de la vida. En todas partes se aplican los mismos principios. Además, creo que si más gente en el mundo de los negocios escuchase a sus abuelas, harían las cosas que hay que hacer, lo cual les llevaría al éxito, por no mencionar a un mundo mejor. Las abuelas somos sencillas. La *sencillez* es la clave del éxito.

Nancy se echó a reír. Era imposible no estar de acuerdo con ella. El negocio de la abuela estaba a rebosar de gente, y su sopa era excelente. Por otro lado, la empresa de Nancy perdía clientes y ventas cada día que pasaba. Quizá se estaba complicando demasiado. A lo mejor las respuestas *eran* sencillas. Dado que era la responsable de remover la olla, quizá sólo tenía que averiguar qué meter en ella.

—Muy bien —dijo, mirando a Peter y a su abuela—. Por tanto, el que remueve el puchero tiene importancia, y yo tengo que removerlo. Pero para tener éxito, ¿qué ingredientes tengo que usar en la sopa? Ya me ha dicho que yo misma soy el ingrediente más importante, pero tiene que haber algo más.

Había más, pero la abuela sabía que Nancy había asimilado todo lo que podía por el momento. Sabía que la mejor manera de preparar una sopa exquisita era añadiendo los ingredientes uno a uno. Cuando uno intentaba hacer demasiado de golpe, mejor ahorrarse tiempo y tirar directamente la sopa por el fregadero.

—Ésa es una conversación para mañana, querida —dijo la abuela—. Tengo una lista de ingredientes que compartir con usted, pero de momento tengo que volver a mi sopa y usted a la suya. Tenga, llévese esta cuchara de madera como recordatorio de que hay que remover la olla. Piense en lo que hemos hablado. Piense en cómo puede remover la olla. Vuelva mañana y empezaremos con el primer ingrediente que debe tener todo líder y todo fabricante de sopa.

—Y llévese esto —añadió Peter, nervioso, mientras le alargaba un trozo de papel—. Espero que lo lea.

—¿Qué es? —preguntó Nancy.

—Bueno, es que he estado pensando mucho sobre los retos a los que se enfrenta, y basándome en mi clase sobre cultura y rendimiento en la universidad, y en el artículo del *Times*, he escrito esto y he pensado que a lo mejor puede serle de provecho.»

—Le echaré un vistazo. Gracias, Peter. Y gracias a usted por sus ideas, abuela —dijo Nancy mientras salía de la cocina. Pidió un tazón de sopa para llevárselo a Brenda y regresó a su lugar de trabajo, donde la cultura y la sopa eran un auténtico desastre.

8

Sopa = Cultura

Por mucho que a Nancy le apeteciera seguir charlando con Peter y con su abuela, se alegró de volver a su despacho. Tenía mucho trabajo pendiente y muchas decisiones que tomar, pero antes de sumergirse en la faena se sentó y leyó el papel que le había dado Peter. En la parte superior de la hoja ponía «Sopa = Cultura». Peter compartía con ella una de las razones clave para su éxito: la cultura de Grandma's Soup House era un reflejo directo de la abuela y de sus principios y valores. Había añadido lo siguiente:

1. *Sopa = Cultura*. De la misma manera que la sopa es un reflejo directo de quien la elabora, la cultura empresarial es un reflejo directo del líder. La sopa y la cultura en Grandma's son una misma cosa, y ambas son un reflejo de *quien* removía el puchero, además de serlo de los valores, principios e ingredientes que esa persona le iba añadiendo.

2. *La cultura impulsa la conducta, y ésta los hábitos.* La cultura influye en lo que piensan, dicen y hacen cada día sus líderes y sus equipos. Muchas organiza-

ciones se concentran en la estrategia e ignoran la cultura, pero sin embargo la segunda siempre es superior a la primera.

3. *Lo suave es poderoso.* Muchos líderes piensan en la creación de una cultura como un proyecto acogedor e impreciso, que hace sentir bien, un proceso *suave* que no es urgente porque no se puede cuantificar con cifras *directas*. Sin embargo, las empresas de mayor éxito saben que aunque la cultura *parece* suave, es realmente poderosa y esencial.

4. *Debe alimentar su cultura.* Son demasiadas las empresas que no están dispuestas a invertir el tiempo y la energía necesarios para crear la cultura que desean. Hablan de ella, pero no invierten nada. Demasiadas organizaciones se centran en los frutos del árbol, como el precio de las acciones, los costes, el índice de ventas y las metas de ingresos, pero ignoran las raíces (su cultura), y luego se preguntan por qué las frutas se les secan. Para obtener un buen fruto, debe nutrir las raíces. Debe centrarse en elaborar una cultura que proporcione los resultados y el fruto que desea. Sí, es cierto que debe evaluar las ventas, los costes y los resultados, pero tales cosas no son más que un producto secundario de su cultura, su trabajo en equipo, su productividad y su rendimiento.

5. *Los grandes líderes crean grandes culturas.* Como líder, debe esforzarse mucho para crear la cultura idónea, y considerarla su prioridad número uno. La cultura afecta a la motivación, y ésta afecta a la productividad y al rendimiento. Todo empieza con la cultura, y lo más importante que puede hacer un líder es crear una *cultura de la grandeza*.

9

La cultura de la grandeza

La carta de Peter seguía explicando que, tanto si uno es propietario de una pequeña empresa como entrenador de un equipo, administrador o director de una compañía de la lista Fortune 500, su máxima prioridad es crear un entorno que estimule a las personas y su rendimiento. Lo mejor de todo es que la receta es sencilla. Como dijo la abuela, el éxito es fácil, como lo es también elaborar una cultura de la grandeza. Lo único que hay que hacer es crearla, y sólo exige tres principios:

1. La cultura de la grandeza se crea cuando se tiene la expectativa de que pasarán grandes cosas, incluso en los momentos difíciles.
2. La cultura de la grandeza se crea cuando uno espera que su personal dará todo de sí mismo. Uno no se contenta con nada menos que la excelencia.
3. La cultura de la grandeza se crea al formar, entrenar y desarrollar a su equipo para que sea el mejor.

Peter escribió que, aunque estos tres principios parecen de sentido común, son demasiadas las organizaciones y los equipos que esperan que su personal sea el mejor, pero sin invertir tiempo ni energía para ayudarles a conseguirlo, ni crear tampoco un entorno que sea conducente al éxito. Quieren grandes resultados, pero no están dispuestos a hacer lo necesario para crear la cultura de la grandeza, que impulse el rendimiento y haga crecer a su personal. Entonces Peter invitaba a Nancy a comprometerse a crear la cultura de la grandeza en Soup Inc., que sería la clave para invertir la marcha de la empresa. Dijo que sería importante considerar lo siguiente:

- La cultura es algo que no se puede delegar al departamento de recursos humanos o a un miembro del equipo directivo. Debe promoverla un líder de equipo que esté comprometido con el proceso y participe en él.
- Esto exige mucho trabajo, pero no tanto como el que supone enfrentarse a las crisis, los problemas y los retos asociados con las culturas negativas, disfuncionales e inferiores.
- Si bien la mayoría de las organizaciones malgasta mucho tiempo apagando incendios, usted puede invertir su tiempo en la construcción de una gran organización que supere con creces a la competencia.

Peter concluía su carta a Nancy diciendo que todo esto tendría más sentido cuando la abuela compartiese con ella los ingredientes para preparar una sopa estupenda. Nancy, sentada a su mesa, meneaba la cabeza. No le extrañaba que tantas empresas hubieran querido contratar a Peter; estaba claro que era un joven inteligente. Por encima de todo, tenía razón. Sin duda que Soup Inc. no tenía la cultura de la grandeza. Era más bien una cultura de fracaso y de disfunción. Nancy sabía qué tenía que pasar; lo único que ignoraba era por dónde empezar. Y, teniendo en cuenta la impaciencia creciente de la junta, esperaba tener el tiempo suficiente para averiguarlo.

10

Una pesadilla

A la mañana siguiente Nancy se despertó bañada en sudor. Había tenido un sueño que se repetía en su cabeza como una película de miedo. Había vuelto al instituto, y estaba en la pista de atletismo. La competición en la que iba a participar estaba a punto de empezar, pero no encontraba las zapatillas deportivas. Las buscó desesperadamente, pero se dio cuenta de que tampoco encontraba sus pantalones cortos. Escuchó que alguien se reía, y el pánico hizo presa en su ánimo. *Deprisa, deprisa, deprisa*, se decía mientras corría de un lado a otro del vestuario buscando su calzado y sus pantalones. La carrera estaba a punto de empezar, y ella no estaba lista.

¡Qué sueño más tonto!, pensó mientras se levantaba de la cama. Ahí estaba ella, una mujer hecha y derecha con hijos ya en el instituto, y soñando semejantes cosas. Le recordó a otro sueño que había tenido unos meses atrás, en el que había vuelto a la universidad para hacer un examen sobre un tema del que no sabía nada en absoluto.

—¿Te encuentras bien? —le preguntó su marido.

—Sí, estoy bien, sólo ha sido una pesadilla —contestó mientras salía del cuarto en dirección a la cocina.

Mientras preparaba el café se le ocurrió que quizás era algo más que una pesadilla. A lo mejor aquella era una manera de liberar su ansiedad sobre el futuro de la compañía. Sin duda que no se sentía preparada para afrontar los retos a los que se enfrentaba Soup Inc. Además, después de leer la carta de Peter, sabía que las decisiones iniciales que había tomado no eran las correctas. En lugar de centrarse en la cultura, se había concentrado implacablemente en los números. Le obsesionaban los números, números, números. Su forma de hacer las cosas era consecuencia de años de marketing, y además del estrés de tener al mundo y al mercado de valores observando todos y cada uno de sus movimientos.

Sin embargo, tendría que haberlo sabido. Su padre, al que todo el mundo llamaba Entrenador Ken, le había enseñado todo lo que había que saber sobre cómo forjar una cultura de la grandeza. La cultura era el motivo por el que muchos jugadores deseaban jugar en sus equipos de fútbol americano. Él y sus entrenadores crearon una cultura que atraía a los mejores talentos, y no era de extrañar que sus equipos ganaran con tanta asiduidad. Tampoco era sorprendente que otros equipos de la NFL, dotados de culturas magníficas, fueran vencedores año tras año.

Nancy había sentido el poder de la cultura también en su hogar. Su padre había esperado lo mejor de ella, pero también la había preparado a ella y a sus hermanas para que fueran lo mejor que pudieran ser. Incluso les había regalado un cuaderno de jugadas propias del fútbol, para ayudarlas a concentrarse en ser lo mejor y sacar lo mejor en los demás. Ahora, siendo madre, Nancy y su esposo compartían esas lecciones con sus hijos, forjando su propia cultura de grandeza como familia. Sabía que la cultura familiar era el motivo por el que los hijos tenían éxito o fracasaban cuando abandonaban el hogar paterno. Las culturas familiares sólidas ayudaban a los hijos a medrar siendo adultos. No es que los hijos fueran más listos o contasen con más talentos naturales. Sencillamente habían crecido en un entorno donde participaron de los hábitos correctos, aprendieron los valores idóneos y desarrollaron una ética laboral sólida. Ella también veía esto en el mundo empresarial, cuando las compañías con las mejores culturas no sólo arrojaban resultados acordes un año tras otro, sino también producían líderes que otras empresas deseaban captar y contratar.

Pero, a pesar de saber todo esto, Nancy no había aplicado estas lecciones cuando ocupó su cargo de directora. Las lágrimas rodaron por sus mejillas cuando se dio cuenta de que, tras la muerte de su padre, había dejado de aplicar muchas de las lecciones que él le enseñó. Se había vuelto más dura consigo misma y más fría con los demás. Había permitido que la vida y los puntos de vista ajenos la superaran y la hiciesen perder el equilibrio. Pero ahora estaba dispuesta a cambiar de dirección y a fijar un nuevo rumbo. En lugar de en las cifras, se iba a concentrar en la cultura. Estaba lista para remover la olla y crear una cultura de la grandeza. Pero aún no sabía qué ingredientes meter en la cazuela. Tenía la esperanza de que la abuela tuviera algunas respuestas que darle antes de que su compañía se arruinase.

11

Dirija con optimismo

Mientras Nancy estaba sentada a una mesa, a solas, disfrutando de la sopa, Peter salió de la cocina acompañado de su abuela.

—¿Cómo está, querida? —le preguntó cariñosamente la abuela mientras se aproximaban; luego propinó a Nancy un tremendo abrazo antes de sentarse a la mesa junto a ella.

—¿Hoy no volveremos a la cocina? —inquirió Nancy.

—No, hoy no —repuso la abuela—. He acabado de preparar la sopa, y además estoy esperando a una amiga que vendrá a almorzar. Estoy ansiosa de que la conozca. Le va a encantar, y estoy segura de que a ella le gustará usted.

Nancy miró a su alrededor. Prefería hablar con la abuela en la cocina, donde gozaban de más privacidad, pero el restaurante estaba atiborrado y sumido en el murmullo de las conversaciones y el repiqueteo de las cucharas, por lo cual era improbable que nadie pudiera escuchar su conversación. Además, le gustaba la energía de un comedor lleno de gente, ruidoso, y la mesa que había elegido en el fondo del restaurante la parecía lo bastante privada.

—¿Ha leído el papel que le di? —preguntó Peter.

—Huy, claro que lo leí, Peter. Y además pensé mucho en ello. Eres un joven muy listo, y estoy de acuerdo con todo lo que dices. Comentas muchas ideas que ya conocía, pero que sinceramente había perdido de vista. Dejé de ser capaz de ver el bosque más allá de los árboles, y me alegro de que me ayudaras a verlo de nuevo.

La abuela sonreía de oreja a oreja.

—¡Estoy tan orgullosa de él! —dijo mientras le pellizcaba las mejillas a su nieto.

—Tiene motivos —dijo Nancy.

Peter se ruborizó. No podía creerse que la directora de Soup Inc. no sólo estuviera sentada con él en su restaurante, sino que además valorase sus consejos.

—Entonces, ¿está lista para hablar del primer ingrediente que debería compartir todo líder y todo fabricante de sopa? —preguntó la abuela mirando a Nancy.

—Estoy list —contestó ella.

—Muy bien, pues empecemos. Que ya sé que ha venido por algo más que mi sopa —añadió, meneando el dedo—. El primer ingrediente, querida, es el *optimismo*. Cuando preparo mi sopa, cada una de las veces espero que sea exquisita. Cuando llego por la mañana, espero que mi local esté repleto a la hora del almuerzo. Cuando abrimos el restaurante, la gente me dijo que hasta que nos asentáramos pasarían entre seis meses y un año. Les dije que no, de ninguna manera, que estaríamos ocupados la primera semana, y lo estuvimos. Cuando llovía, a nuestros empleados les preocupaba que bajaríamos el ritmo, pero les dije que uno siempre recibe lo que espera. Les dije que esperasen estar ocupados, y fue lo que pasó. Ahora, cuando llueve, todo el mundo espera que nuestro restaurante esté lleno, y lo está. La clave para cualquier negocio con éxito es el optimismo.

—Es una ventaja realmente competitiva —dijo Peter, uniéndose a la conversación. Escribió «Dirija con optimismo» con letra grande en una servilleta, y se la entregó a Nancy. La servilleta tenía este aspecto:

Dirija con optimismo.

De hecho, la investigación confirma que los vendedores optimistas rinden con creces mucho más que los pesimistas. Los líderes optimistas saben atraer el apoyo de otros,* y las organizaciones positivas rinden más que las negativas.** Tomemos la misma industria pero dos empresas: la positiva tendrá un rendimiento superior al de la negativa.

---

* Martin Seligman
** Daniel Goleman

12

El liderazgo es la transmisión de una creencia

—¡Qué cierto es! —exclamó Nancy—. A lo largo de mi vida he comprobado que muy a menudo la diferencia entre el éxito y el fracaso es la creencia.

—¿Y cree que podrá darle un giro a su empresa? —preguntó la abuela.

Nancy guardó silencio unos segundos.

—Sinceramente, no lo sé. No puedo decirle que esté realmente convencida.

—Bueno, la sinceridad es una gran cosa —señaló la abuela—, porque la sopa no miente. Si no le añade optimismo a la sopa, ésta se lo reflejará. No puede esconderlo, ni su equipo tampoco. Tendrá que decidir qué cree, porque si *usted* no cree, los suyos no creerán.

—Tiene razón —intervino Peter—. Después de todo, *los grandes líderes comparten con otros su creencia, su visión y su pasión, y durante ese proceso inspiran a otros para que crean.*

Entonces anotó en una servilleta:

El liderazgo es, antes que nada, la transmisión de una creencia.

—¿Sabe por qué creo que las creencias son tan importantes? —preguntó la abuela.

—¿Por su restaurante? —aventuró Nancy, encogiéndose de hombros.

—Por supuesto que no —replicó la abuela, riéndose—. Ya le dije que sé muy pocas cosas sobre los negocios. Sé esto porque como madre y como abuela he visto el impacto que ha tenido compartir mis creencias con mis hijos y mis nietos. Da lo mismo que sea cabeza de familia o dirija una compañía, el principio es idéntico. Los grandes líderes transmiten a otros sus creencias. Son positivamente contagiosos.

Nancy lo sabía muy bien. Había visto de primera mano cómo los grandes entrenadores deportivos inspiraban a sus equipos para ganar; había visto cómo los grandes maestros de su vida la inspiraron a creer en sí misma; y había visto cómo su pastor había inspirado a la congregación a creer que podían marcar una diferencia a todo un mundo de distancia, en una aldea diminuta de África. No sólo reunieron dinero, sino que enviaron a veinte voluntarios y cambiaron la vida de los aldeanos. Las creencias positivas conducen a actos positivos, y Nancy lo había visto pasar demasiadas veces como para atribuirlo a la casualidad.

13

Guárdese del pesimismo

—Recuerde que está removiendo la olla —prosiguió la abuela—, y debe desprender optimismo, de modo que pueda llegar hasta otros. Su equipo y su compañía necesitan su optimismo y su liderazgo positivo más que nunca. Usted no sólo dirige a su equipo, sino que administra las creencias que ellos tienen. En lugar de sentirse decepcionada sobre el punto en que se encuentra, decida ser optimista respecto al destino al que se dirige. Cuando hablen de los retos a enfrentar, hablen de las oportunidades. Cuando otros hablen de por qué la empresa no puede tener éxito, ofrézcales todos los motivos por los que puede tenerlo. Recuerdo cuando mis hijos eran pequeños y se enfrentaban a un fracaso o un reto. Siempre les animaba a superarlo. «A todo el mundo lo derriban. Todo el mundo tiene días malos», les decía. «Pero las personas optimistas se levantan de nuevo y, gracias a sus creencias positivas, forjan un futuro que también lo es».

—Pero, ¿qué sucede si *yo* creo pero hay otros en mi equipo que *no* lo hacen? —preguntó Nancy—.¿Qué pasa si yo soy optimista pero otros no?

51

«Es una buena pregunta —respondió la abuela—. Pero yo no soy quién para contestarla... Ella sí —dijo la abuela mientras se levantaba y daba un abrazo a la mujer que se aproximaba a la mesa.

—¡Hola, hola, hola, Joy, Joy, Joy! —saludó mientras la otra mujer y ella se abrazaban.

Nancy intentó adivinar hasta qué punto se conocían ambas, porque con la abuela era difícil saberlo. Parecía que todo el mundo era su amigo de toda la vida.

—Nancy —dijo la abuela—, ésta es mi vieja amiga, Joy. Joy, ésta es mi nueva amiga Nancy.

—¿A quién llamas vieja? —bromeó Joy, y todos se echaron a reír.

Joy y Nancy se saludaron mientras Peter acercaba otra silla a la mesa para Joy.

La abuela explicó que Joy era conductora de autobuses, que conducía un vehículo energético, como a Joy le gusta llamarlo, porque ella «energizaba» a todos los que suben al autobús; que cuando acaba la ruta acudía a menudo a Grandma's Soup House; desde el primer momento que se vieron se hicieron amigas. Compartían el amor por la comida, la familia y las personas, y se sentaban a charlar juntas durante horas.

Entonces la abuela puso al día a Joy sobre la conversación acerca del optimismo, y reiteró la pregunta de Nancy sobre qué pasa si *uno* es positivo pero el equipo no lo es, y Joy respondió:

—Tal como yo lo veo, es realmente sencillo. Invitas a la gente a subir al autobús. Compartes con ellos tu optimismo. Les transmites tus creencias. Les das la oportunidad de viajarjuntos. Les animas a ser optimistas, pero la cuestión es que no puedes conducir el autobús de otro. Hay quien no se sube al vehículo, y no pasa nada. Si no se suben, tendrás que dejarlos fuera. La verdad es que, a medida que aumenta el pesimismo, empeora el rendimiento. Tienes que fomentar el optimismo y protegerte del pesimismo, porque si no el equipo se verá perjudicado.

Joy había compartido esta idea con muchos otros en el pasado y, aunque a algunos no les gustó, todo el mundo que la había oído sabía que decía la verdad... sobre todo Nancy.

—Ahora depende de usted —dijo la abuela—. Debe creer, y debe inspirar a su equipo para que crea. No es algo que no haya oído nunca. Es sencillo, pero requiere actuar. Remueva la olla con optimismo y transformará la sopa.

A Nancy le gustó tanto lo que dijeron la abuela y Joy que anotó lo siguiente en su bloc:

A medida que aumenta el pesimismo, empeora el rendimiento. Tienes que fomentar el optimismo y protegerte del pesimismo, porque si no el equipo se verá perjudicado.

14

La prueba del espejo

Aquella noche, mientras su marido veía un partido por televisión, Nancy leyó un artículo en una revista de empresa titulado «El contagio positivo». Decía que la gripe no es lo único que puede contagiarse en el trabajo. Resulta que hay las mismas probabilidades de que usted se contagie del mal humor y la actitud negativa de otros. Los últimos estudios demuestran lo que todos sabemos que es cierto: que las emociones son contagiosas. Los investigadores les llaman *contagios emocionales*, e influyen en nuestro entorno laboral, nuestra productividad, el trabajo en equipo, el servicio y el rendimiento, de formas importantes y profundas. Un empleado negativo puede contaminar a todo el equipo, generando un entorno laboral tóxico. Un empleado de mal humor puede desanimar y espantar a incontables clientes; y las actitudes negativas invasivas pueden sabotear la moral y el rendimiento de un equipo dotado de gran talento y potencial. La buena noticia es que las emociones *positivas* son igual de contagiosas. Un líder positivo puede inducir a un grupo de personas animosas a conseguir grandes cosas. Un empleado positivo sentado en recepción puede contagiar positivamente a todas las personas que entren en su empresa, escuela o lugar de trabajo. Las actitudes y emociones positivas e invasivas en el trabajo pueden fomentar la moral y el rendimiento de su organización. Usted tiene la opción diaria de ser contagioso positiva o negativamente. Puede ser un germen y atacar el sistema inmunitario de su empresa, o actuar como una dosis de vitamina C y fortalecerla.

Nancy se puso delante del espejo mientras se cepillaba los dientes. *¿Cuál de los dos eres tú?*, preguntó a su reflejo. *¿Eres un germen o la vitamina C? ¿Puedes hacer esto o sólo te apetece tirar la toalla? Porque si no crees que puedes hacerlo y no crees que esta empresa puede dar un giro radical, entonces mejor que lo dejes correr todo ahora mismo. ¿Por qué perder el tiempo?*

El reflejo le devolvió la mirada, pero sin decir palabra. Rebuscaba en la zona más profunda de su alma a la caza de una respuesta. No una respuesta que quisiera escuchar la persona en el espejo, sino la verdad que merecía. Respiró hondo, elevó una oración silenciosa, y entonces le llegó la respuesta. La mujer y el reflejo se hicieron uno, y Nancy se sintió embargada por la creencia y la seguridad de que podría cumplir su misión. Aún no estaba lista para renunciar. Su padre siempre le había dicho que Dios nunca la pondría en una situación de la que Él no estuviera dispuesto a sacarla. Nancy había usado la prueba del espejo cuando tuvo que decidir si aceptaba su puesto como directora, y una vez más aquél le dijo que iba por el buen camino. Creía que podía cambiar el rumbo de su empresa. Ahora, sólo tenía que descubrir quién más creía y, lo más importante de todo, quién no.

15

Nancy remueve la olla

La sopa no miente. Las palabras de la abuela resonaron en la mente de Nancy durante las semanas siguientes, que fueron duras, mientras ponía en práctica su plan de remover la olla con optimismo. También recordaba las palabras de Joy mientras intentaba identificar tanto a los líderes optimistas, que ayudarían a Soup Inc. a alcanzar el éxito de nuevo, como a su contrapartida pesimista, que tenían que apearse del autobús. Lo primero que hizo fue deshacerse de algunos de los miembros pesimistas en su equipo directivo. Estaban convencidos de que la compañía estaba condenada independientemente de lo que ellos pudieran hacer. Mentalmente ya habían tirado la toalla, a pesar de que sus cuerpos acudieran al trabajo todos los días. Habían pensado que seguirían adelante en la empresa mientras cobraran un sueldo considerable a fin de mes. Tenían la capacidad pero no la voluntad. Tenían experiencia pero sin esperanza. Se habían desgastado como un zapato viejo. Nancy había dado vueltas a la decisión durante un tiempo, porque sabía que algunas de aquellas personas llevaban mucho tiempo en la empresa; pero no podían contribuir a la salvación de la compañía, y ahora era el momento adecuado para dejar que se fueran. Sin duda no era fácil, pero el futuro de la empresa dependía de esto.

A continuación realizó una encuesta, pidiendo a los empleados que valorasen a sus directivos y líderes en función de su optimismo o su pesimismo. Si pretendía tener éxito, necesitaba estar rodeada de líderes y directivos positivos, que removieran la olla con optimismo en sus respectivos departamentos. Como escribió C. S. Lewis: «Lo que es necesario nunca es imposible»; y ella necesitaba a personas que vivieran según este lema. En una organización, la energía positiva fluye desde lo alto y hacia abajo, y si sus líderes y sus directivos no subían a bordo, no lograría que el resto de la empresa lo hiciera. Sabía que los líderes de una compañía son los que dan ejemplo a los demás: deben ser ejemplos de optimismo.

16

Contrate a quienes piensen en posibilidades

Lo curioso es que, a pesar de toda la información que le proporcionó la encuesta, Nancy no necesitaba ninguna ayuda para diferenciar a los optimistas de los pesimistas. Nancy sabía exactamente quién encajaba dentro de cada categoría. Mientras ella y su equipo directivo esperaban los resultados de las encuestas, se reunieron con los directores de cada departamento y los demás líderes de la empresa. Para conseguirlo tuvieron que invertir casi todas las horas de la jornada, y aunque ella pasó varias semanas sin ver apenas a su esposo ni a sus hijos, o sin visitar Grandma's Soup House, valió la pena. La encuesta, sus informes y los del equipo directivo encajaban a la perfección. En la empresa había una tonelada de pesimismo, y todo partía de un grupo reducido de directivos negativos que hacían que la vida de sus empleados fuera una pena, además de improductiva.

No fue fácil, pero Nancy y su equipo les bajaron del autobús con sensibilidad, ofreciéndoles un alejamiento justo de la empresa, así como consejos sobre la transición laboral y de otro tipo, para ayudarles a aprender y a crecer a partir de esa experiencia. Entonces, usando una empresa de selección y contratación, se centraron diligentemente en encontrar a las personas optimistas, tanto dentro de la empresa como fuera de ella, que pudieran dirigir, administrar y estimular a sus equipos. No buscaban a personas que dijeran siempre que sí. Querían gente que pensara en posibilidades, sin tener en cuenta su tipo de personalidad. Dieron la bienvenida a inconformistas que contribuyeran con nuevas ideas para el crecimiento de la empresa. Aceptaron sin problemas a quienes hicieran de abogado del diablo, siempre que su objetivo último fuera contribuir al equipo y ofrecer a sus clientes el mejor producto posible. Dieron la bienvenida a personas que compartían sus ideas y sus quejas, siempre que se centrasen en encontrar soluciones. Sin embargo, de quienes tenían que librarse era de aquellos que le robaban la vida y la energía a la empresa, quienes saboteaban los ánimos y cuyo negativismo era contagioso. El ingrediente que Nancy no quería en su compañía era el negativismo. Como le dijo a todo el mundo muy claramente: «La próxima vez que vengan al trabajo con una actitud negativa, mejor que se paren antes de entrar por la puerta y piensen qué les diría su jefe si tuvieran la gripe porcina. Les diría que se quedaran en casa hasta que estuvieran sanos y no contagiaran a nadie. Y en ese momento, mientras estén a la puerta, tienen dos opciones: o se vuelven a casa para no contagiar a nadie, o se curan de inmediato cambiando de actitud y deciden contagiar optimismo. Nadie es una isla: contagia sin cesar a los demás, y ustedes, sus emociones y su actitud influyen en todos los empleados de Soup Inc. De manera que vengan a trabajar con una actitud positiva o no vengan.»

Su prioridad número uno era cohesionar un equipo de líderes y administradores positivos que creyeran que podrían cambiar el rumbo de Soup Inc. Estaban en el filo de la supervivencia, y para tener éxito sería necesario contar con un grupo de personas optimistas.

17

Una visión unificadora

Cuando Nancy contempló el diagrama organizativo, se sintió mucho mejor respecto al futuro de Soup Inc. Había reunido a un equipo que era más energético, más optimista y más trabajador que el anterior. Nadie obtiene el éxito a solas, y haría falta un equipo como éste para conseguir aquello que los pesimistas decían que era imposible. Nancy sabía que los grandes líderes crean grandes equipos, y creía que por fin la organización estaba bien encaminada. Sin embargo, también era consciente de que no bastaba con reunir a personas optimistas; también había que darles algún motivo para seguir siéndolo. Tenía que forjar una visión positiva para el futuro de Soup Inc. Tenía que dar a sus líderes y a sus empleados algo que tuviera sentido y fuera valioso, una meta hacia la que avanzar. No bastaba con decirles que trabajaban para salvar la empresa. Era necesario que creyesen en algo más grande que ellos mismos, y ella también necesitaba algo en lo que creer.

Pidió a Brenda que hiciera algunas averiguaciones para identificar la declaración actual de la misión de la compañía, porque parecía que nadie la conociera o la recordase, y cuando Brenda la encontró en una carpeta fue evidente por qué era así. La declaración de la misión ocupaba toda una página, y estaba repleta de lenguaje técnico y de palabras de moda que no significaban nada para los lectores. No sólo era demasiado larga como para recordarlo, sino que incluso quien pudiera hacerlo no se tomaría la molestia. Nancy arrojó el documento a la papelera y supo que tendrían que empezar de cero. No le apetecía leer *Guerra y paz*. Quería una visión unificadora, en torno a la cual se pudieran cohesionar todos los miembros de su empresa. Había estudiado las declaraciones de visión eficaces, y una de sus favoritas era la de IBM, que decía: «Construyamos un planeta más inteligente». Mucho antes de convertirse en una campaña publicitaria, fue una arenga interna para movilizar a todos los empleados para que promovieran, vendieran y ofrecieran proyectos que construyeran, apoyaran y conectaran bases de datos para recopilar, analizar y transmitir información. Con tres palabras, *planeta más inteligente*, todos los empleados sabían que su misión consistía no sólo en crear un planeta más listo, sino también en obtener un tremendo éxito para IBM al conseguir que los datos fueran más accesibles, inteligentes y útiles.

Nancy quería una declaración de la visión igual de cohesionadora para Soup Inc., y que tuviera las cinco características siguientes:

1. Tenía que ser una visión en torno a la cual se apiñaran todos los empleados.
2. Debía captar la esencia y el espíritu de la empresa, y ser algo que la organización pudiera compartir con palabras y reforzar con actos.

3. Debería recordar a todos lo que representaba Soup Inc., y ser una estrella polar que mantuviera a todos en el camino correcto.
4. Tendría que ser fácil de recordar para los líderes y los empleados, de modo que pudieran vivirlo y respirarlo todos los días. No podía existir solamente en una hoja de papel metida en un archivador. Tenía que adquirir vida en los corazones, las mentes y los actos de todos los componentes de Soup Inc.
5. Tenía que ser clara, sencilla, estimulante y atractiva.

Nancy compartía los criterios de su equipo directivo cuando se reunieron en una sala de conferencias para hacer una tormenta de ideas. Al cabo de unas pocas horas de debate y de anotar las ideas sobre una gran pizarra blanca, Carlos, que había sustituido a Nancy en el departamento de marketing, pronunció en voz alta las palabras que todo el mundo estuvo de acuerdo en convertir en la nueva visión unificadora de la compañía.

18

Extienda la visión

 Las palabras *Alimentamos la grandeza* no eran sólo para hacerles sentir bien: eran un llamado a la acción:

1. Alimentarse cada día con el optimismo y los hábitos necesarios para ser lo mejor posible y conseguir grandes cosas.
2. Alimentar a su equipo con un liderazgo estupendo y con conocimientos que les ayudaran a ser la máxima expresión de sí mismos.
3. Alimentar a sus clientes con una sopa excelente, elaborada por unas personas maravillosas que trabajaban en una empresa magnífica.

Nancy no estaba segura de que fuera la declaración de la visión perfecta, pero era una en torno a la cual todos los miembros de Soup Inc. podrían unirse, una que podrían recordar y vivir. Consideraba que una de sus mayores prioridades eran compartir esa declaración de la visión y su esencia con todos los líderes, directivos y departamentos de la compañía. Nancy también decidió que la *visión* era otro ingrediente esencial que había que añadir a la receta de la sopa, y seguramente se lo diría a la abuela y a Peter cuando las aguas volvieran a su cauce y pudiera volver al restaurante. Hasta ese momento, tenía una visión que compartir. Durante las siguientes semanas habló con todos los departamentos y empleados de la empresa, compartiendo la visión y reforzándola. Pidió a todos los líderes, directivos y empleados que pensaran en lo que significaba para ellos «Alimentar la grandeza», y recibió una gran cantidad de *feedback* excelente.

Nancy también añadió un objetivo general para compartirlo junto con la visión: «Una lata de sopa en cada hogar». Mientras que la visión en sí misma captaba el significado y el propósito que servirían de eje para todos, también quería ofrecer una meta genérica que proporcionase un resultado tangible al que la compañía pudiera aspirar. «Alimentar la grandeza» era la estrella polar de la empresa, pero los empleados también necesitaban un objetivo hacia el que esa estrella, con suerte, les conduciría. «Una lata de sopa en cada hogar» representaba el motivo por el que se dedicaban a ese negocio así como el éxito que esperaban conseguir, y era otra manera de inspirar a otros para pensar y actuar a lo grande. La forma de pensar de la compañía había sido muy pequeña durante demasiado tiempo, y era hora de introducir una visión y unos objetivos más valientes. Después de todo, si uno no va a acertarle a la bola al batear, al menos que sea después de haber intentado darle para conseguir un *home run*. Incluso si Soup Inc. introdujera una lata de su producto sólo en un 50 por ciento de los hogares, aun así sería la envidia de todas las compañías alimentarias del mundo. Por primera vez en mucho tiempo, a Nancy y a su equipo pensar en su sopa les hacía sentirse bien.

19

Edifique la confianza

Nancy estaba sentada en su mesa favorita en Grandma's, tomando una sopa, leyendo los informes y meneando la cabeza. Las cifras iban mejorando y el progreso era perceptible, pero pensaba que a esas alturas la empresa tendría que haber recorrido mucho más camino. No estaba segura de qué sentía más, si frustración o desesperanza. Había vertido en su sopa cada gramo de optimismo y de visión que tenía, y aunque había mejorado aún no era excelente. Prácticamente dormía en el despacho, sacrificando un tiempo que podría haber invertido en su esposo y en sus hijos, ¿y qué había obtenido a cambio? Una ligera mejora en el aumento de las ventas y en la productividad. Las cifras aún se quedaban cortas frente a donde tendrían que estar para tranquilizar a la junta y salvar la empresa, y no estaba segura de qué hacer a continuación.

Cuando Peter vio a Nancy se acercó a toda prisa.

—La abuela y yo pensábamos que la habíamos espantado —dijo.

—¡Oh, no, Peter! Todo lo contrario. Me disteis un consejo tan bueno que he dedicado todo el mes a trabajar en el tema, removiendo la olla con todo el optimismo que he podido reunir. Ha sido el mes más complicado de toda mi vida.

—Vale, pues espérese aquí —repuso Peter. Se fue a la cocina, llamó a su abuela y los dos se sentaron a la mesa de Nancy. Por supuesto, la abuela le dio un tremendo abrazo a Nancy, y le dijo lo mucho que la había echado de menos. Nancy le explicó por qué no había vuelto a comer allí, y les explicó el plan que había puesto en práctica para librarse de los pesimistas y contratar a optimistas. También les habló de lo importante que era añadir visión a la sopa, y la abuela y Peter estuvieron de acuerdo en que se trataba de un ingrediente esencial, tanto para la compañía como para su propio restaurante. De hecho, Peter repitió la declaración de la visión para Grandma's Soup House: «*Ofrecer a nuestro equipo y a nuestros clientes el cariño, la comida y el servicio que nos gustaría compartir con nuestros familiares.*»

Entonces la abuela preguntó a Nancy si compartir el optimismo y la visión habían supuesto una diferencia en su compañía.

—Un poco sí, pero no tanto como esperaba —contestó Nancy—. No estoy segura de por qué.

—Eso es fácil —dijo la abuela—. A la sopa aún no le ha añadido la *confianza*. Como pasa con todas las grandes recetas, hay determinados ingredientes que van destinados a complementarse mutuamente, y el optimismo y la visión funcionan mucho mejor cuando se añade confianza a la receta. El ingrediente que le falta es la confianza.

—¿Cómo lo sabe? —preguntó Nancy.

—Porque si tuviera confianza, a estas alturas habría detectado una gran mejora. Por lo que respecta a la confianza tiene que saber lo que siempre decía sobre ella Marty, mi difunto esposo, durante los años en que estuvo al mando de un negocio de prendas de vestir. Le echo muchísimo de menos, y cuando estoy sentada a la mesa aún le oigo diciéndome las cinco cosas sobre la confianza que todo el mundo debería saber.

Entonces la abuela procedió a enumerar las pautas siguientes:

1. *Las personas siguen primero al líder, y luego su visión.* Uno puede ser la persona más optimista del mundo y tener la visión más inspiradora, pero si el líder no es alguien que induzca a otros a seguirle, la visión nunca se hará realidad.

2. *La confianza es la fuerza que vincula a las personas con el líder y con su visión.* Sin confianza, existe un gran abismo entre el líder y la visión.

3. *Si su equipo confía en usted, y su optimismo les induce a creer en usted, su visión les inspirará a seguirle.* Cuando los líderes consiguen la confianza de su equipo, entonces sus creencias, su optimismo y su visión son mucho más convincentes, y las personas les seguirán.

4. *La confianza genera compromiso; el compromiso fomenta el trabajo en equipo; el trabajo en equipo consigue resultados.* Cuando las personas confían en el líder y en los miembros de su equipo, no sólo trabajan más, sino que lo hacen en beneficio del equipo.

5. *La confianza se edifica día a día, pero puede perderse en un solo instante.* Lo único de esta vida que no

le conviene perder es la confianza que los demás tienen en usted.

Entonces Peter compartió con ella un estudio de caso de su época en la escuela de empresariales: un director nuevo decidió no introducir cambios durante su primer año, porque antes quería edificar la confianza de su equipo. Después de haberse ganado su confianza, realizó unos cambios que tuvieron mucho éxito.

—¡Pero es que yo no tengo un año! —protestó Nancy, nerviosa—.¿Qué hago para construir la confianza?

—Primero, descubra hasta qué punto confían sus empleados en sus líderes y en sus directivos —sugirió la abuela—. Entonces, vuelva mañana y podemos hablar de algunos otros ingredientes que le ayudarán a edificar esa confianza. ¿Le parece bien, querida?

—Me parece un plan estupendo —dijo Nancy.

Anotó en un trozo de papel los ingredientes que la abuela y Peter habían compartido con ella hasta el momento.

> **Dirija con optimismo**
> **Extienda la visión**
> **Construya la confianza**

Luego Nancy recogió su bloc de notas y su pluma y regresó a su despacho, pensando si la gente confiaba realmente en ella.

20

Ocupada

Kathryn, la vicepresidenta del servicio de atención al cliente, entró en el despacho de Nancy mientras ésta leía los resultados de la encuesta.

—¿Tienes un momento? —le preguntó Kathryn.

—En realidad, estoy apretadísima —respondió Nancy—. Tengo que leer estos informes, y luego ir a una conferencia telefónica con el equipo de ventas. Tenemos que activar las ventas.

—Sí, lo sé —dijo Kathryn, procurando mostrar empatía a su jefa y, con un poco de suerte, iniciar una conversación—. Sólo quería comentarte algunas ideas que tengo para mejorar las operaciones de nuestro servicio de atención al cliente.

—Me encantaría oírlas —comentó Nancy, sin levantar apenas la vista del papel mientras seguía leyendo los informes. Aunque Kathryn estaba justo delante de ella, por lo que a Nancy respectaba podría haber estado en la otra punta del edificio.

—¿Cuándo sería un buen momento? —preguntó Kathryn, con la esperanza de que su jefa levantara la vista.

—Prográmalo con Brenda —dijo Nancy, deseosa de que Kathryn se fuera de su despacho para poder concentrarse en los informes.

—Vale —dijo Kathryn. Salió del despacho sintiéndose tan pequeña como el presupuesto de su servicio de atención al cliente. Era evidente que lo que estaba leyendo Nancy era más importante que ella. *Quizá la próxima vez*, se dijo.

21

La encuesta

La mala noticia que evidenciaron los resultados de la encuesta sobre la confianza es que los empleados de la compañía no confiaban en Soup Inc. Los años de mala administración, el hábito de recompensar a los directivos perezosos y, al mismo tiempo, explotar a los empleados y tratarlos mal había conducido a una falta de confianza colectiva en la empresa. Por no mencionar el hecho de que la sala de ejecutivos funcionaba como una puerta giratoria. Daba la impresión de que cada año aparecía un líder nuevo que nombraba a un equipo directivo nuevo, formulando un rumbo distinto para la compañía. Sin embargo, muchos de esos líderes no se quedaban el tiempo suficiente para hacer lo que dijeron que harían, y quienes permanecían hacían que la compañía y su cultura mordieran el polvo. ¿Por qué iban a confiar en la empresa los empleados de Soup Inc. cuando ésta hacía todo lo posible por traicionar su confianza?

La encuesta demostró que aunque la mayoría de empleados compartía el optimismo de Nancy y les emocionaba su visión, creían que la empresa saldría a la venta antes de que Nancy alcanzara sus objetivos o se marchara en

busca de otra oportunidad laboral. Debido a esta mentali-
dad derrotista, personas situadas en todos los niveles de la
empresa se centraban más en su propia supervivencia, su
sueldo y su futuro que en el futuro de su equipo y en la
dirección de Soup Inc.

Nancy no pudo por menos que reírse de sí misma.
¿Cómo podría haberlo pasado por alto? ¡Era tan básico! Y
sin embargo había ignorado por completo la importancia
de la confianza. Sin confianza, la gente no se compromete
plenamente con su equipo, con la compañía o con la visión
y los objetivos que ella había propuesto. Nancy, sus líderes
y sus directivos tenían que ganarse la confianza de sus empleados si querían que se comprometieran con la empresa.
Pero, ¿cómo hacerlo?

22

Potencie la comunicación

Nancy encontró a la abuela en la cocina del restaurante, donde canturreaba mientras removía una olla grande de sopa. Tenía una voz bonita y, si Nancy hubiera estado de mejor humor, le hubiera gustado escucharla. Pero Nancy no estaba con ánimos para escuchar cantar a nadie, ni para tomar sopa. Los resultados de la encuesta la habían tenido en vela toda la noche. No disponía de un año para cultivar la confianza. Como mucho, tendría tres meses, y sentía cómo sus metas se iban escurriendo entre sus dedos. Estaba cansada, tenía un nudo en el estómago y lo único que quería hacer era hablar de cómo fomentar la confianza.

—Hola, querida —dijo la abuela en una pausa entre la canción y la preparación de la sopa—. Casi he terminado —añadió mientras se inclinaba hacia delante, acercaba la cara a la sopa y respiraba hondo—. Este aroma me alegra el día —comentó. Luego se apartó del fogón, tapó la olla y caminó con Nancy a su mesa favorita, donde Peter ya las esperaba.

—Muy bien, cara de ángel, dígame lo que ha averiguado.

A la abuela le encantaba encontrar apodos para la gente.

Nancy les reveló los resultados de la encuesta y les habló de hasta qué punto los empleados no confiaban en la empresa. Les explicó que, aunque todos compartían su optimismo y su visión, pensaban que se iría como los otros líderes que hubo antes que ella, de modo que no querían comprometerse.

La abuela meneó la cabeza mientras Peter escribía en una servilleta las siguientes palabras:

Mejorar la comunicación.

La abuela y Nancy observaron la servilleta.

—»Sí —dijo la abuela—. La comunicación es muy importante. La comunicación edifica la confianza, y es esencial para cualquier familia o equipo que quiera ser eficaz. Es lo mismo que les decía a mis hijos a medida que iban creciendo. Les decía: «Hagáis lo que hagáis, nunca me mintáis, porque si lo hacéis no podré confiar en vosotros. Y si no podemos confiar los unos en los otros, no podremos ser una familia sólida. La comunicación lo es todo».

—¡Pero si *me he comunicado*! —repuso Nancy—. He visitado todos los departamentos y les he hablado sinceramente de la visión.

—Eso está bien —dijo la abuela—. Está claro que por eso dice la encuesta que comparten su optimismo y creen en su visión, pero ahora tiene que comunicar, comunicar, comunicar de tal modo que fomente la confianza y no sólo empuje a las personas hacia una visión. La clave es llenar el vacío.

23

Llene el vacío

—Son tiempos inciertos para su gente –le explicó Peter a Nancy—. Se preguntan qué sucederá a continuación. Se plantean cómo se verá afectado su trabajo. No tienen claro qué pasos deben dar. Lamentablemente, esta incertidumbre crea un *vacío* en la comunicación, y el negativismo tiende a ocupar los vacíos.

—Lo mismo pasa en los matrimonios –añadió la abuela—. Los matrimonios van cuesta abajo cuando falla la comunicación. Las relaciones se desmoronan cuando falta la comunicación. Esto se debe a que cuando existe un vacío de la comunicación clara y positiva, empezamos a dar por hecho lo peor, y actuamos en consecuencia. El miedo y el negativismo se infiltran en nuestros pensamientos, nuestra conducta y nuestros actos y los dominan.

—Esto conduce a una falta de confianza, que a su vez lleva a una falta de visión, de trabajo en equipo y de éxito —intervino Peter—. En lugar de hacer cosas positivas para mejorar, entramos en el modo de supervivencia e intentamos simplemente ir tirando. Debe concentrarse en edificar la confianza comunicándose con frecuencia y transmitiendo un mensaje positivo, de modo que no surja ni crezca el temor. La comunicación edifica la confianza, y la confianza vence al miedo.

Entonces, Peter escribió en una servilleta:

**Llene el vacío
comunicándose
con frecuencia
y transmitiendo
un mensaje positivo.**

Nancy asintió. Entendía la importancia de la comunicación; era la clave para cualquier relación con éxito. Sin duda, era la clave para mantener la solidez de su matrimonio. Aunque ella y su esposo hacían un millón de cosas diferentes y corrían en direcciones distintas, siempre encontraban momentos para hablar sobre sus metas, sus sueños, su relación y sus hijos. La comunicación forjaba un vínculo que les ayudaba a abordar los retos y las distracciones de un mundo ajetreado. Era este tipo de vínculo el que edificaba también las relaciones dentro del lugar de trabajo.

—Lo que afirman es muy cierto —dijo Nancy—. Es increíble que las compañías nos gastemos millones de dólares para comunicarnos con nuestros clientes y publicitarnos, intentando ganarnos su confianza, y aun así hagamos tan pocos esfuerzos para comunicarnos con nuestros clientes más importantes, que son nuestros empleados. Si lo hiciéramos más, confiaríamos más en nosotros mismos, y a su vez nuestros clientes se fiarían más de nosotros. Todo empieza por el interior. Entonces, ¿cómo potencio la comunicación, lleno el vacío y edifico la confianza? —preguntó, pensando que quizá la abuela y Peter sabían algo que ella ignoraba.

24

Añada una gran dosis de transparencia y de autenticidad

—Primero, todo parte de usted —contestó la abuela—. Recuerde que es quien remueve la olla. Añada una buena dosis de comunicación a la sopa, y otra de transparencia y de autenticidad. Si se comunica de un modo genuino y transparente, será más probable que otros confíen en usted, crean en usted y le sigan. Su comunicación tiene que ser real, y usted también.

Nancy sabía que eso era así. La gente estaba cansada de líderes que leían un guión y formulaban preguntas basadas en algún cursillo de escucha activa y de administración. A la gente no le gusta seguir a un robot; quieren que les dirijan personas reales que compartan emociones auténticas y se enfrenten a desafíos genuinos. La gente quiere líderes y directivos que hablen desde el corazón y digan la verdad. Nancy tenía una idea, y contó a la abuela y a Peter que iba a realizar una serie de reuniones interactivas para eliminar la mayor cantidad posible de incertidumbre, y para fomentar la comunicación bilateral; de esta manera no sólo podría compartir información con sus empleados, sino también recibir su *feedback*.

—Es una idea estupenda —dijo Peter—. Pero recuerde que no es sólo usted quien tiene que ganarse su confianza. Todos sus directivos tienen que llenar el vacío coherentemente, usando la comunicación positiva. Es esencial que sus directivos también se comuniquen de persona a persona con los empleados de sus departamentos. La confianza se edifica de persona a persona y de relación en relación. Sus directivos tienen que compartir el estatus de la empresa; es necesario que informen a los empleados de dónde se encuentran. Tienen que conocer los temores y las necesidades de sus subordinados, y compartir una visión positiva para el futuro, y explicar cómo se encuentran posicionados para ayudarles a alcanzarla. Sus directivos son la clave para forjar la confianza por toda la organización. Si usted siempre llena el vacío con una comunicación positiva en los campos de la organización, el del equipo y el individual, el negativismo y el miedo no pueden enraizar ni crecer. Y si usted es transparente y auténtica en su comunicación, incluso los cínicos confiarán en usted. Es posible que no estén de acuerdo con usted, pero le darán su confianza.

Parecía fácil, pero Nancy sabía que no sería sencillo conseguir que cada líder y cada directivo de la empresa construyera la confianza por medio de la comunicación, la transparencia y la autenticidad. Necesitaba una manera sencilla de explicar esto a los líderes y directivos, que les ayudara a actuar. La abuela tenía una respuesta pero, como era de esperar, no tenía nada que ver con los negocios.

25

Trátelos como a su familia

—¿Cómo hago para que mis líderes y directivos entiendan lo importante que es esto? —preguntó Nancy.

—Bueno, pues igual que lo hacemos aquí —repuso la abuela—. Pídales que traten a los miembros de su equipo como si fueran de su familia.

—Eso suena un poco a cliché, ¿no le parece?

Nancy había oído esto demasiadas veces en el mundo de los negocios, y luego la promesa no se cumplía.

—Bueno, déjeme que se lo matice —dijo la abuela—. Tráteles como a una familia *funcional*. La diferencia es la confianza y el amor. En las familias funcionales, las personas confían las unas en las otras y se preocupan unas por otras. Sí, es cierto que discuten y no están de acuerdo, como la mayoría de personas, pero la confianza y el amor los mantienen unidos. En las familias disfuncionales no existe la confianza, el amor no se pone en práctica, y por tanto las disensiones rompen el vínculo. Los miembros de familias funcionales se comunican mucho entre sí. Son abiertos y sinceros unos con otros. Son transparentes y auténticos; confían los unos en los otros, y comparten su amor —añadió, al tiempo que una de sus empleadas se acercaba para despedirse de la abuela y de Peter. Tenía que salir del trabajo antes para asistir a una clase en la universidad, y la abuela se despidió de ella con un fuerte abrazo.

—Es decir, que el hecho de tratarlos como a una familia funcional dice más que mil palabras –prosiguió la abuela tras volver a sentarse—, y es un mensaje que casi todo el mundo puede entender y asumir como propio. Lo mejor de todo es que considerar a las personas como miembros de su familia cambia la manera en que los trata. Los ve como personas que merecen su confianza y su amor, y que necesitan que usted les ofrezca comunicación, transparencia y autenticidad. Usted quiere ser alguien en quien ellos confíen, y por tanto da los pasos necesarios para ganarse esa confianza. Dice lo que va a hacer y hace lo que dice. Y además, lo hace con amor.

26

El amor

Mientras Nancy volvía a paso rápido a su despacho, pensaba en lo que le había dicho la abuela, y se dio cuenta de que el amor no dejaba de aparecer en sus comentarios. La abuela le había dicho que removiera la olla con amor, que amara a sus empleados como si fueran de su familia. Estaba claro que era el ingrediente más importante en la elaboración de una sopa excelente, y era algo de lo que su padre había hablado mucho cuando era entrenador. En los viejos tiempos, solía decirle, uno podía gritar a la gente y alcanzar el éxito metiéndoles miedo. Ahora ya no es posible. A los atletas modernos les interesa más mantener una relación con sus entrenadores, y sobre todo quieren saber que éstos se preocupan por ellos. También Nancy había observado esta tendencia creciente en el mundo de los negocios, había asistido a muchos seminarios donde se analizaba cómo las generaciones más jóvenes redefinían positivamente el lugar de trabajo y el liderazgo. No querían limitarse a trabajar en alguna parte; querían crear una vida en sus trabajos. Esto suponía mantener una relación con sentido, además de interacciones con líderes que se comunicasen con ellos con transparencia y autenticidad.

A Nancy se le ocurrió que la pregunta número uno que formulaban los miembros de su equipo y sus empleados era: *¿Puedo confiar en ti, y te preocupas por mí?* De hecho, es la pregunta por antonomasia que nos formulamos unos a otros en este mundo. Si las personas saben que pueden confiar en usted y que se preocupa por ellas, le seguirán hasta el fin del mundo. Sin embargo, Nancy no estaba segura de cómo aplicar esto en su trabajo. Tratar a los empleados como a la familia, aunque era una meta honorable, era difícil de llevar a la práctica. Lo sabía por experiencia.

Cuando llegó a su oficina, sacó el cuaderno y añadió los ingredientes a su lista para preparar una sopa excelente.

Remueva la olla con <u>amor</u>
Dirija con <u>optimismo</u>
Comparta la <u>visión</u>
Edifique la <u>confianza</u>
Llene el vacío con una <u>comunicación</u> positiva
Añada una gran dosis de <u>transparencia</u> y de <u>autenticidad</u>

27

Rumores

Para Nancy, el aspecto más arduo de ser directora no era dirigir la empresa o fomentar la comunicación de sus líderes y sus directivos. Para ella, lo más difícil era atajar todos los rumores y el negativismo sutil que se movían por toda la compañía. Se rumoreaba que iban a sustituir a Nancy. Se rumoreaba que otra compañía adquiriría Soup Inc. En realidad, cada día parecía que surgían nuevos rumores de una adquisición por parte de otra empresa. Para alimentar esos rumores, en las secciones de economía de la prensa aparecían comentarios sobre cuánto tiempo podría sobrevivir Soup Inc. por su cuenta. Nancy sabía que no podía controlar el monstruo mediático. Esto formaba parte de vivir en un mundo dominado por un ciclo informativo de 24 horas al día, siete días a la semana. Ella consideraba los medios de comunicación como «la Biblia de los miedicas», siempre concentrada en las perspectivas agoreras y pesimistas, y destacando sin cesar lo peor de las personas, no lo mejor.

Sabía que no había manera de que pudiese controlar lo que decían y hacían los medios de comunicación. No había un manual que guiase a los directivos para manejarse en ese conjunto específico de circunstancias a las que ella se enfrentaba. Sin embargo, sí podía controlar sus propios actos y el modo en que dirigía su empresa. Todo el mundo tenía derecho a su opinión, y seguro que estarían más que contentos de poder compartirla. Entonces, después de compartirla, seguirían avanzando para formular otras opiniones, mientras Nancy y su equipo se centraban en lo que pudieran controlar. Compartió este mensaje con sus equipos, asegurándose de atajar los rumores falsos sobre su empresa. Se comunicaba con frecuencia, y de forma transparente, sincera y real. Esto produjo un fuerte impacto, y sus empleados empezaron a confiar más en ella que en los rumores que escuchaban. Nancy descubrió que si a las personas no se les da la capacidad de imaginar, nunca imaginan lo peor. Sustituyó las hipótesis y la incertidumbre por la verdad y los hechos reales, mediante correos electrónicos, conferencias telefónicas al nivel de toda la empresa, reuniones semanales y actualizaciones del estatus. Llenó los huecos con comunicaciones positivas. También detectó una mejora importante en la comunicación procedente de sus directivos y de sus departamentos. Les dijo que ahora no era el momento de atrincherarse en sus despachos: «No podéis dirigir desde la oficina, así que recorred la empresa, visitad a personas, hablad con ellas, abordad sus inquietudes y recordadles la visión hacia la que todos intentamos avanzar.» Los directivos prestaron oídos a estos consejos; se centraron en edificar la confianza mediante una mejora en la comunicación, y todos los miembros de la compañía tuvieron muy claro que la situación de Soup Inc. estaba mejorando.

Claro, fue evidente para todo el mundo menos para la junta. Lamentablemente, la junta se concentraba empecinadamente en las hojas de cálculo y en las cifras, que sólo indicaban una mejora mínima. Las cifras no reflejaban todos los cambios positivos que tenían lugar tras bambalinas. Al centrarse solamente en los números, los miembros de la junta no detectaban el optimismo colectivo que iba creciendo. No eran conscientes de que la comunicación había aumentado sensiblemente la moral; tampoco lo eran de que la productividad mejoraba. Sobre todo, no detectaban el progreso que Nancy había introducido en la cultura empresarial. Ella sabía que estos esfuerzos arrojarían muchas cosas estupendas, pero los que estaban fuera no podían verlas porque no eran mensurables, y esto la frustraba de verdad.

Sin embargo, lo que Nancy no vio era que *se podía* medir el progreso que estaban realizando. Sólo requería un nuevo baremo, que estaba a punto de descubrir cómo utilizar.

28

Un nuevo baremo

El padre de Nancy siempre le había dicho que los grandes líderes no tienen todas las respuestas. Más bien se rodean de personas que son más listas que ellos, y que les ayudan a encontrar esas respuestas. Por eso Nancy había contratado a Brenda. Ésta era más que su secretaria de dirección. Había obtenido un MBA en Harvard y algún día planeaba dirigir su propia empresa. Sólo tenía 30 años, pero gozaba de una gran experiencia y conocimiento, y no le importaba nada compartirlo con Nancy. Durante el proceso de cambio, Brenda compartió con ella muchas ideas valiosas, pero nada lo fue más que la información que le transmitió sobre la participación de los empleados.

Brenda alivió la frustración que sentía Nancy al no poder evaluar el progreso de la compañía, diciéndole que sin duda existía un baremo útil. No era una ciencia exacta, pero la había usado un gran número de compañías, y había muchas evidencias para demostrar que la *participación* era el baremo que buscaba Nancy. Durante años, las empresas como Gallup habían evaluado la participación de millones de empleados en incontables organizaciones. Por ejemplo,

Gallup emplea una encuesta de doce preguntas, llamada Q12, en la que los empleados, basándose en su puntuación, se clasifican en una de las categorías siguientes:

1. *Participativos.* Los empleados se sienten estimulados pro su trabajo y por la misión de la compañía.
2. *No participativos.* Los empleados han abandonado ya antes de abandonar. Trabajan, pero sin energía ni pasión.
3. *Activamente desconectados.* Los empleados no sólo se sienten mal, sino que le chupan la vida a su equipo y a su organización.

Brenda siguió explicando a Nancy que las compañías pueden analizar los resultados de las encuestas para vincular su puntuación de participación general con el rendimiento de los trabajadores. En otras palabras, que cuando más participativos sean los empleados, mayor es su rendimiento, lo cual induce el crecimiento de las ventas, una mejora de la productividad y de la innovación, la potenciación de la fidelización y otros indicadores del rendimiento elevado. Las encuestas de participación también se usaron para determinar la proporción entre empleados *participativos* y *activamente desconectados* de la empresa (un indicador de la salud empresarial). Gallup, por medio de su investigación amplia,* ha descubierto lo siguiente:

---

* http://www.gallup.com/consulting/52/employee-engagement. aspx

- En las organizaciones promedio, la proporción entre empleados participativos y activamente desconectados es de 1, 5 frente a 1.
- En las organizaciones mundiales, la proporción entre empleados participativos y activamente desconectados es casi de 8 frente a 1.

—En realidad es muy sencillo —dijo Brenda—. Si queremos ser una organización de talla mundial esto supone que por cada ocho personas de nuestra empresa a quienes les estimula trabajar aquí, debería haber sólo una que le chupe la vida a la compañía.

Por último, Brenda le comentó que la encuesta de Gallup demuestra que las organizaciones con miembros participativos tienen un índice de crecimiento de beneficio por acción (EPS) 1,6 veces superior a las empresas del mismo ramo donde la participación es menor. Esto fue música para los oídos de Nancy, y también lo sería para los oídos de la junta si Nancy pudiera demostrar que Soup Inc. era una compañía participativa que avanzaba en la dirección correcta. Hasta la junta entendería la importancia de esas cifras.

Nancy incluyó en su arsenal numerosos estudios de caso adicionales que Brenda le facilitó, que detallaban cómo las organizaciones de éxito pudieron hacer un seguimiento de las puntuaciones sobre participación laboral a lo largo de varios años, y que fue posible correlacionar literalmente su nivel de participación con el aumento de las ventas y de los beneficios.

Nancy estaba emocionada. Siempre le habían gustado los números, y ahora disponía de una cifra que significaba algo de verdad. Al evaluar la participación dentro de su compañía, podía describir no sólo el punto en que se encontraba Soup Inc., sino también adónde se dirigía. Podía predecir el éxito futuro en función de la participación relativa de los empleados y de la compañía. Podía utilizar las cifras de participación para dilucidar si estaba teniendo éxito en sus intentos de crear la cultura adecuada. La abuela decía que la sopa no miente, y la participación laboral constituía una manera poderosa y con sentido para evaluar hasta qué punto estaba elaborando bien la sopa.

Esto sacó a colación una cuestión importante que Nancy y Brenda sabían que tendrían que abordar. No bastaba con medir la participación; tras medirla, tenían que elaborar un plan para fomentarla, y luego ponerlo en práctica en todos los niveles de la organización. Por tanto, ¿cuál sería la mejor manera de aumentar la participación? Tenía la esperanza de descubrirlo en Grandma's Soup House.

29

Las relaciones

Cuando Nancy entró en Grandma's Soup House, escuchó que los empleados situados detrás del mostrador exclamaban: «¡Bienvenida a Grandma's!» Estaba claro que aquel era un equipo al que le estimulaba su trabajo. Cuando preguntó a la abuela y a Peter qué sabían sobre la participación y cómo potenciarla, no le sorprendió descubrir que Peter estaba tan versado en ese concepto que usaban su propio sistema informal para evaluar el grado de participación. Contando sólo con veinte empleados, era fácil descubrir si gozaban de una proporción de ocho personas participativas frente a una activamente desvinculada. Sin embargo, Peter y su abuela usaban sus propios términos para identificar la participación:

- *Caliente*, para alguien que estaba comprometido
- *Tibio*, para alguien que estaba desconectado
- *Frío*, para alguien activamente desvinculado

Grandma le dijo que, para ella, la participación dependía por entero de las relaciones y de tratar a los demás como a la familia.

—Las relaciones son el ingrediente que dota de sentido, de gusto y de textura a la vida y al trabajo, y son necesarias para elaborar una sopa excelente.

—Las relaciones lo son todo —dijo Peter—. Aunque parece de sentido común, créalo o no, muchos directivos y líderes en el mundo empresarial intentan mantener separados los ámbitos profesional y personal; pero la cuestión es que las relaciones en el lugar de trabajo *son* personales, y son necesarias si quiere potenciar el compromiso y obtener el éxito. Piense en ello. La encuesta de Gallup demuestra que los empleados que creen que sus superiores se preocupan por ellos son más leales y productivos que quienes no lo piensan. Los empleados que tienen a su mejor amigo en el trabajo están más motivados. Otros estudios indican que el determinante más importante de las decisiones que toman los empleados de quedarse en su empleo o marcharse es la relación que mantengan con su director o su jefe. Todo se reduce a las relaciones. Usted debe mantener una relación estupenda con su equipo si quiere que sea un caballo ganador.

Entonces Peter resumió lo que habían comentado los días anteriores sobre la confianza, la comunicación, el amor y las relaciones.

La comunicación, la confianza y el amor constituyen el fundamento de toda relación exitosa. Sin comunicación, confianza y amor, su relación no será muy fuerte; y sin relaciones fuertes, no podrá tener un equipo fuerte; y si no cuenta con un equipo fuerte, no podrá tener una organización fuerte. Las relaciones son el fundamento sobre el que se edifican los equipos y las organizaciones ganadores.

30

La sopa es para disfrutarla juntos

—No es fácil poner en práctica eso de tratar a las personas como si fueran familia, y lo de desarrollar relaciones —dijo Nancy, pensando en su propia agenda y en las exigencias del trabajo y de su vida personal—. Parece que ni siquiera encuentro tiempo para mantener una relación con mi esposo y con mis hijos, y menos con la gente del trabajo.

—Es cierto que desarrollar relaciones no es fácil —contestó la abuela—. Las relaciones exigen tiempo, así como esfuerzo y compromiso. Y tengo que serle sincera: me temo que en este mundo moderno estamos tan ocupados con el trabajo, la carrera, las listas de cosas pendientes, la tecnología, las multitareas y los proyectos que olvidamos la importancia de las relaciones. Pasamos más tiempo comunicándonos por Internet con personas a las que no conocemos que con nuestros propios vecinos. Vivimos en nuestros hogares como extraños, sin tomarnos tiempo para desarrollar una relación con nuestros hijos. Y ellos están demasiado ocupados navegando en la Red y con sus móviles como para hablar con sus padres. Viven vidas dispersas, con la vista clavada en los mensajes en vez de en las personas que tienen delante. En el lugar de trabajo estamos tan ocupados intentando alcanzar el éxito que olvidamos desarrollar las relaciones necesarias para obtenerlo.

La abuela estaba imparable:

—Hemos de regresar a lo básico, recordar que el ingrediente y el fundamento para las familias eficaces, los grandes equipos y las organizaciones excelentes es la relación entre sus miembros. Los humanos fueron hechos para las relaciones, y la sopa tiene que disfrutarse en compañía. Debemos invertir los unos en los otros, y en edificar las relaciones. Como siempre decía mi Marty, «La calidad de tu negocio y de tu vida viene determinada por la calidad de tus relaciones». Y aunque es verdad que las relaciones sólidas se fundamentan en la confianza y en el amor, también funciona al revés. Por medio de las relaciones edificamos la confianza y compartimos con más intensidad el amor. Cuando usted convierta las relaciones en su prioridad, su vida y su trabajo le resultarán mucho más agradables y tendrán más sentido, por no mencionar que serán más fáciles.

31

Las normas sin relación conducen a la rebelión

—Cuando pienso en lo que acaba de decir mi abuela, —añadió Peter—, recuerdo la cita de Andy Stanley. Dijo que «las normas sin relación conducen a la rebelión». Hay muchos directores que se centran en las normas que quieren que cumplan sus empleados, pero si no hay relaciones, la gente no está motivada para cumplirlas.

—Lo mismo pasa con los entrenamientos –intervino Nancy—. Mi padre era entrenador, y siempre me dijo que la clave de su éxito radicaba en que dedicó tiempo a conocer a sus jugadores y a desarrollar una relación con ellos. Tenía muchas reglas, pero los jugadores lo apreciaban mucho, de modo que le obedecían.

—Y lo mismo sucede con la educación de los hijos —comentó la abuela.

Cuando te tomas tiempo para pasarlo con tus hijos y tus nietos —añadió, mientras rodeaba con su brazo el hombro a Peter—, y cuando alimentas tu relación con ellos, es mucho menos probable que se rebelen contra las reglas que has establecido.

Entonces Peter escribió una vez más en la servilleta, para que lo vieran Nancy y la abuela:

> **Para dirigir y contribuir a que alguien se desarrolle con eficacia, debe mantener una relación con él. Por medio de las relaciones puede conformar a las personas para que sean lo mejor que pueden ser.**

—Eso es maravilloso, Peter —afirmó la abuela rotundamente—. También podríamos añadir algo, y es que toda transformación exige una relación. Somos transformados por medio de nuestra relación espiritual con Dios y nuestras relaciones con la familia, nuestros mentores y entrenadores, y transformamos a otros por medio de nuestra relación con ellos. Sólo por medio de las relaciones podemos transformar y ser transformados.

32

Los enemigos son el ajetreo
y el estrés

Aquella noche, Nancy fue a correr por su barrio con su perro, mientras sus hijos estaban en el entrenamiento de fútbol y su marido llevaba a su hija a su clase de danza. En un momento dado, sintió de repente un vacío y una tristeza que la hicieron detenerse en seco en mitad de la calle. Sentía que las palabras de la abuela y de Peter la acusaban. Se dio cuenta de que era una de las culpables. Durante años pensó que la gente debía tener sus relaciones *fuera* de su trabajo, no *dentro*. De hecho, antes de la llegada de Brenda no se le ocurría una sola persona del trabajo a la que considerase su amiga. Creía en su parámetro de medición de marketing y en sus cifras, y siempre se había mostrado renuente a intimar con nadie, sobre todo después de la muerte de su padre. Había olvidado la lección que él le había enseñado, no con palabras sino en el modo en que entrenaba a otros y criaba a sus hijos. Había creado equipos ganadores gracias a las relaciones que había desarrollado, y desarrolló una familia ganadora porque la relación con sus hijos fue su prioridad número uno.

Aunque Nancy hacía lo mismo con sus hijos, últimamente no les había dedicado mucho tiempo. Tenía intención de cambiar eso bien pronto, en cuanto Soup Inc. volviera a encarrilarse. Afortunadamente, seguían siendo una familia sólida, y esto era gracias a los vínculos que forjaban. Sabía que eran el tipo de relación que ella y los líderes y empleados de Soup Inc. necesitaban desarrollar entre ellos en el entorno laboral, si querían transformar la organización. También sabía que el proceso tenía que empezar por ella. Pensó en el día en que Kathryn había ido a su despacho, y recordó que apenas le había prestado atención. No era de extrañar que Kathryn no hubiera seguido compartiendo sus ideas. ¿Por qué iba a hacerlo? Nancy no se había tomado el tiempo de conectar con ella y ganarse su confianza.

Estaba claro que había cometido algunos errores. Desde que se hizo cargo de Soup Inc., Nancy se había centrado primariamente en los números, los números, los números. Estaba demasiado ocupada y estresada como para pensar en otras personas. Estaba claro que no apartaba tiempo para las relaciones con su familia y sus líderes, y estaba tan estresada que casi no lograba desarrollar una relación con la abuela y con Peter, una relación que le estaba cambiando la vida.

Decidió que los enemigos del liderazgo eficaz, de la buena crianza de los hijos y de las relaciones estupendas eran, sin duda alguna, el ajetreo y el estrés, y que ella y su equipo tendrían que superar esos obstáculos para edificar las relaciones necesarias para fomentar la participación y disfrutar de un trabajo en equipo estupendo. El trabajo la sobrepasaba, igual que a sus directivos. Tenían entre manos una tonelada de proyectos, pero por el momento necesitaban centrarse intensamente en su sopa y en las relaciones que la harían magnífica. A fin de cuentas, a la hora de edificar un negocio de éxito, lo que motiva a las personas no son las cifras, sino más bien son las personas y las relaciones las que producen esos números. Las máximas prioridades de su empresa debían ser forjar esas relaciones y desarrollar ese tipo de trabajo en equipo.

33

Las relaciones participativas

A Nancy le encantaba despertarse por las mañanas con grandes proyectos. Sus mejores ideas no le llegaban en la ducha, sino en la cama, mientras dormía. A menudo se despertaba por la mañana para encontrarse con una gran idea que la aguardaba. Era como si la idea aguardase a que se despertara, y cuando lo hacía, ¡bam!, le entraba en la cabeza. Recordaba muchas de sus ideas de marketing más exitosas que fueron fruto de esas maravillosas revelaciones matutinas, y aquella mañana recibió otro regalo, consistente en dos palabras: *relaciones participativas*. Escuchó aquellas palabras alto y claro, y su importancia la energizó. *No basta con edificar relaciones*, se dijo mientras se miraba en el espejo. *Hemos de forjar relaciones participativas.* Peter se equivocaba: las relaciones no eran el fundamento para edificar los equipos y las organizaciones ganadores. Ese fundamento lo constituían las relaciones *participativas*. La cultura y el compromiso de los empleados dentro de Soup Inc. mejorarían si se concentraban en las relaciones participativas. Entonces Nancy repasó mentalmente una serie de pensamientos y de pasos, combinando los ingredientes para elaborar una sopa estupenda.

*El optimismo y la visión empiezan el proceso.
Energizan a las personas con la visión y los objetivos
de la organización. Pero para alcanzar esas metas,
los empleados de Soup Inc. deben ser participativos,
y para ello tienen que mantener relaciones que
también lo sean. Como líder, Nancy debía fomentar
este proceso, y sus directivos y empleados tendrían
que centrarse en él. La comunicación, la confianza y
el amor echan los cimientos de una relación, y luego
la relación se fortalece al hacerla participativa.*

Nancy tenía muchas ideas, y ardía en deseos de compartirlas con Peter y la abuela a la hora del almuerzo.

34

Anime, inspire, capacite
y forme

Cuando Nancy entró en Grandma's Soup House, recibió la cálida bienvenida de los empleados, pidió su sopa y caminó de vuelta a su mesa, donde estaba sentada la abuela. Nancy se sentó y, unos minutos más tarde, tras ayudar a sus empleados, Peter se unió a ellas. Nancy apenas lograba controlar su entusiasmo.

—No sólo se trata de las relaciones —dijo—. Tienen que ser relaciones *participativas*.

—Me gusta el término —apuntó Peter—. Nunca lo había oído.

—Lo sé. Se me ha ocurrido esta mañana.

—¿Qué quiere decir? —preguntó la abuela.

—Significa que la relación no es un sustantivo, sino un verbo.»

—Ahora me he perdido —dijo Peter.

—Quiere decir que las relaciones no se estancan. Son algo que creamos a cada instante del día, y son nuestros actos y las cosas que hacemos unos con otros los que hacen participativa la relación y la fortalecen. Las relaciones son el fruto del tiempo que pasamos juntos, las interacciones que tenemos y el trabajo que hacemos juntos. Cuando doy un paseo con mis hijos y hablo con ellos, participo de algo con ellos y creo una relación participativa. Cuando colaboro con un compañero de trabajo, estoy haciendo que la relación sea participativa. Por medio de nuestras interacciones y actos desarrollamos las relaciones y el trabajo en equipo que fomentan la participación, el rendimiento y los resultados. Lo que intento averiguar, y espero que me ayuden a hacerlo, es esto: ¿Cuáles son las mejores maneras de hacer participativa la relación?

—Bueno, querida —dijo la abuela—, ahora llegamos a ese punto en que conviene darle a la sopa un poquito de vida. De lo que está hablando es de fortalecer sus relaciones y, para hacerlo, tiene que añadir a la sopa los ingredientes de la inspiración, el ánimo, la capacitación y la formación.

Entonces Peter añadió:

—Después de pasar mucho tiempo leyendo estudios de caso sobre este tema y trabajando con nuestros empleados, hemos descubierto que las mejores maneras de hacer que los tuyos participen es inspirarlos, animarlos, capacitarlos y formarlos. Hacer esto no sólo la beneficia a usted y sus relaciones con ellos, sino también a la organización. Seamos sinceros: cada miembro de su empresa contribuye a su cultura. Sus empleados no son solamente una creación de su cultura, sino que la crean cada día. Hay que animarlos, inspirarlos y capacitarlos para que también ellos remuevan la olla, y hay que formarlos para que lo hagan bien.

—Y no puede mover la cuchara por otro —añadió la abuela—. Tiene que inspirar, animar, capacitar y formar a los demás para que muevan su propio cucharón.

> **El liderazgo no consiste tanto en lo que usted hace, sino en lo que puede inspirar a hacer a otros, animándoles, capacitándoles y formándoles.**

—No podría estar más de acuerdo —dijo Nancy—. Pero, ¿cómo los inspiro, animo, capacito y formo?

—Bueno —repuso la abuela—, como con cualquier familia lo primero es crear un entorno que permita la capacitación, donde las personas se sientan capacitadas y actúen como tales. Esto es lo que hacemos aquí, en Soup House.

Peter añadió:

—Entonces, en ese entorno capacitado, les inspira, anima y forma para que tengan éxito. Aprende a conocer a los suyos, porque, ¿cómo puede dirigirlos y formarlos si no los conoce? Tiene que conocer sus puntos fuertes para ayudarles a desarrollarlos. Entonces pasa tiempo y colabora con ellos, porque sólo mediante las experiencias compartidas puede forjar una auténtica relación con otros. Una vez tenga esta conexión, disfrutará de la confianza y de la relación que le permitirán ayudarles a progresar. Una relación es necesaria para formar eficazmente a alguien, y al formar y animar a esa persona también fortalece la relación. Además, por supuesto, una parte importante del proceso radica en crear una línea de comunicación clara de tal modo que puedan tener lugar la inspiración, el ánimo, la capacitación y la formación.

—Dile cómo crear un equipo de gente que remueva la olla —sugirió la abuela mientras, orgullosa, le daba una palmadita en la espalda a Peter.

—Claro —replicó éste, sabiendo que lo que estaba a punto de decir no se basaba en una teoría, sino en su experiencia al tratar con los empleados de Soup House.

35

Un equipo de gente que remueve la olla

—Muy bien —dijo Peter—, pues una vez ha creado una línea clara de comunicación, se reúne con cada miembro de su equipo, como hicimos nosotros aquí. En su caso también le conviene que cada líder se reúna con su equipo respectivo.

»Durante esa reunión, usted y sus directores deben reforzar la visión general que han creado para la organización. Luego deben pedir a cada persona que cree una visión personal y defina cómo, contando con esa visión, puede contribuir a la visión general de Soup Inc. Luego pídales que le digan cómo puede ayudarles a cumplir sus visiones personales y a contribuir a la visión global.

Peter prosiguió:

—Al dar estos pasos, en lugar de contar con una sola persona que remueve la sopa y con su cucharón, creará un equipo de individuos en torno a la olla, con una visión y un propósito compartidos. Esto hace que en la empresa haya personas cada vez más capacitadas. Cada persona va a trabajar sabiendo cómo puede contribuir al equipo y a la organización. Esto da energías a los miembros del equipo, y les induce a compartir la energía positiva con todos aquellos con quienes trabajan. Los líderes pueden fijar y compartir la visión, pero es la energía positiva de sus empleados la que la hará realidad. Por tanto, tiene que convertir en su prioridad el desarrollo de un equipo de gente que remueva la olla. Y una vez que cuente con un equipo que elabora una sopa excelente, tendrá que asegurarse de seguir comunicándose con ellos, no dejar de animarles, inspirarles y desarrollar sus talentos. No basta con preguntarles cómo puede ayudarles a hacer realidad su visión; también tiene que comprobar que los ayuda de verdad.

—Siendo su mentora y su formadora —intervino Nancy.

—Exacto —corroboró Peter—. Requiere invertir más, pero arroja dividendos.

Entonces la abuela añadió:

—Si quiere que las personas lo den todo, debe darles lo mejor de usted. Además, cuando invierte en ellos, los forma y les da lo mejor de sí, ellos se dan cuenta de que le importan. Capacíteles y desarrólleles, y los hará participativos. Ayúdeles a ser lo mejor que puedan, y le darán lo mejor que puedan dar.

A Nancy aquella conversación la inspiró, y le vinieron a la mente cientos de ideas para inspirar y capacitar a su equipo y crear relaciones participativas. Sólo tenía la esperanza de que hubiera tiempo suficiente para ponerlas en práctica.

Cuando llegó a su despacho, añadió unos cuantos ingredientes más a su lista.

Remueva la olla con <u>amor</u>
Dirija con <u>optimismo</u>
Comparta la <u>visión</u>
Edifique la <u>confianza</u>
Llene el vacío con una <u>comunicación</u> positiva
Añada una gran dosis de <u>transparencia</u>
y de <u>autenticidad</u>
Forje <u>relaciones participativas</u>
Combine la <u>inspiración</u>, el <u>ánimo</u>, la <u>capacitación</u>
y la <u>formación</u>

36

La oferta

La expresión que se leía en los rostros de los miembros de la junta no era buena, y las noticias tampoco lo eran. Después de todo, resultaba que algunos de los rumores eran ciertos. Otra compañía había hecho una oferta para adquirir Soup Inc., y la junta lo estaba meditando mucho. Nancy no sabía qué decir. Se quedó anonadada. Sí, es cierto que siempre supo que era una posibilidad, pero no esperaba que sucediera, desde luego no así ni por una cantidad de dinero tan reducida. Era casi irrisorio que los miembros de la junta se planteasen semejante oferta, pero desde su punto de vista las cifras no aumentaban con la celeridad que deseaban, y les quedaban muy pocas opciones.

—Les ha entrado el pánico —le espetó Nancy a la junta, valientemente.

—No nos ha entrado el pánico —contestó un director—. Sencillamente, no tenemos elección.

—Sí, sí que la tienen —replicó Nancy—. Pueden permitirme que cambie a esta compañía, en lugar de actuar movidos por la desesperación.

—Tenemos motivos para estar desesperados —intervino otro miembro de la junta—. Los números no reflejan las mejoras que necesitamos ver.

—Porque se centran en los números equivocados —les retó Nancy—. Avanzamos en la dirección correcta, y aunque las cifras de ventas no lo reflejen todavía, lo harán.

—¿Qué la hace estar tan segura?

—Tenemos un baremo nuevo. Nos centramos en la participación, y como podrán ver en estos diagramas de otras empresas que se han centrado en ese factor, es posible correlacionar el aumento en los ingresos, los beneficios y el precio de las acciones con el aumento de la participación empresarial.

Algunos de los miembros de la junta levantaron la vista por primera vez. Les había llamado la atención.

—No me interesa una venta rápida —dijo Nancy—. Lo que me interesa es levantar una compañía a largo plazo, y si ahora la venden nos privaremos de todos los beneficios que obtendríamos en el futuro.

»Concédanme 90 días para arrojar resultados y les garantizo que, dentro de un año –continuó Nancy—, la empresa valdrá siete veces más que la oferta que tenemos sobre la mesa. Y en dos años, su valor será veinte veces mayor. Si me equivoco, renunciaré a mi sueldo de todo ese tiempo.

—Si se equivoca no tendrá sueldo, porque alguna otra persona ocupará su cargo —dijo un miembro de la junta.

—Pero si son *ustedes* quienes se equivocan —señaló Nancy—, y venden esta compañía, nunca sabrán qué pudo haber pasado. Se preguntarán toda la vida «¿*y si...* ?» Pueden vender esta empresa y formar parte de la lista de las peores decisiones empresariales de nuestra era, o pueden participar en una de las recuperaciones más grandes de la historia.

Sabía que los había convencido. No sabían si ella podría conseguirlo, pero no podían decirle que no. Nancy les explicó que evaluarían la participación al principio y al final de esos 90 días. Predijo que durante ese tiempo la compañía evidenciaría un aumento en la participación y, como resultado, vería un progreso significativo de las ventas. La junta acordó concederle 90 días para ver esa mejora. Cuando salió de la sala de reuniones, respiró hondo y se tapó la cara con las manos. Había puesto en juego su futuro y el de la compañía. Ahora dependía de ella y de sus equipos respaldar sus palabras... o tragárselas.

37

Otro intento

—¡Muévete! —se gritó Nancy a sí misma.

—¡Venga, Nancy, no bajes el ritmo! —la animó Steven.

Llevaba meses sin jugar al tenis, pero hoy necesitaba golpear algunas bolas. Normalmente prefería jugar los fines de semana, con su marido, o por la noche con sus hijos, cuando ellos no tenían otras actividades; pero hoy sentía la necesidad de devolver pelotas a la hora del almuerzo. Su cordura dependía de ello.

—Me gusta la manera en que devuelves hoy las pelotas —le comentó Steven, su instructor—. Muy agresiva. Te ha sentado bien no jugar un tiempo.

Si tú supieras, pensó Nancy. Una tras otra, devolvía con ímpetu todas las bolas que le llegaban. ¡Pam! ¡Pam! ¡Pam!

No sólo golpeaba las bolas de tenis. Golpeaba los comentarios de los miembros de la junta. Aplastaba sus sonrisas burlonas. Castigaba sus dudas. Era mejor airear su frustración con pelotas de tenis que con las personas en el trabajo. ¡Pam, pam, pam!

Cada golpe liberaba un poco de su ira, su estrés y su frustración. Era fogosa por naturaleza, y ésta era una de las cosas que a su marido le gustaba de ella, pero a veces había que dominar el fuego, y descubrió que el tenis era una manera estupenda de hacerlo.

Después de que Nancy devolviera mal algunas bolas, Steven detuvo el entrenamiento y caminó hacia la red.

—Mantén la vista en la pelota —le dijo—. Clava los ojos en ella. Deja de pensar en el golpe anterior.

Eso es lo mejor del tenis: si devuelves mal una pelota, tienes la posibilidad de que la siguiente devolución sea estupenda. Lo único que hace falta es tener mala memoria. El golpe anterior ya es historia; hay que concentrarse en hacer que el siguiente sea magnífico. Cada movimiento del brazo supone una oportunidad para golpear correctamente la pelota.

Cuando Nancy salió de la pista, empapada en sudor, se dio cuenta de que el pasado, pasado está. La junta le había concedido otro saque, y de ella y de su equipo dependía que fuera excelente.

38

Los 40 días de participación

Aquella tarde Nancy reunió a su equipo de líderes y, mediante una tormenta de ideas, buscaron maneras de forjar relaciones participativas, mejorar el compromiso en cada departamento de la compañía, capacitar a sus empleados y, por supuesto, aumentar las ventas. Juntos elaboraron un plan de acción al que llamaron «40 días de participación», que incluía una serie de estrategias y de pasos para fomentar la comunicación, edificar la confianza, compartir el optimismo y capacitar y formar a las personas para hacer cada día lo que mejor saben hacer.

Durante los cuarenta días siguientes tuvieron una misión, e introdujeron un buen número de iniciativas que tuvieron éxito. El departamento de formación fundó la Universidad de la Sopa, y entregó a cada empleado un programa que se centraba en los mejores sistemas para fomentar la participación y cohesionar el trabajo en equipo. Encargó a Brenda que formase un instituto de liderazgo dentro de la compañía, que fomentara las prácticas de los líderes y los desarrollase desde el interior de la empresa. El instituto de liderazgo también se responsabilizaría de mejorar las prácticas administrativas de los directivos y de los que ocupaban cargos importantes.

Una de las iniciativas que puso en práctica Brenda de inmediato fue la de crear un comité asesor de personas elegidas por sus compañeros, cuya misión consistía en reunirse y elaborar un documento titulado *Prácticas ganadoras*, que fomentase los hábitos aceptables y repudiase los deletéreos para la compañía. El propósito era crear una cultura más positiva y un entorno que promoviese el rendimiento. Por ejemplo, los hábitos deseables incluían sonreír a los compañeros de trabajo cuando se cruzaran por los pasillos, y animarse mutuamente; entre los hábitos repudiables se contaban quejarse sin ofrecer una solución (la norma «No quejarse»), y responder mal a un colega o a un cliente. Dado que las prácticas ganadoras las habían ideado sus compañeros, los empleados reaccionaron a ellas de forma positiva, y tuvieron un impacto inmediato.

Para potenciar las relaciones, Nancy y su equipo también pusieron en marcha un programa de tutorías. Nancy creía que todos debían ser tutores a la par que tutelados. Esto no sólo fortalecería las relaciones, sino también a los individuos. Para subrayar la importancia de esta idea, Nancy se convirtió en tutora y en tutelada, y eligió a Kathryn como tutelada propia. Ya no estaría demasiado ocupada para invertir en una relación con sus empleados. Los líderes dirigen con el ejemplo, y ella debía ser la primera en darlo.

39

Nadie come solo

Como medio para unir a las personas y crear una cultura interactiva de la grandeza, Nancy también puso en práctica y fomentó un programa para potenciar la comunicación y las relaciones, que bautizó «Nadie come sopa a solas». Dijo a sus empleados que debían elaborar, disfrutar y compartir sopa juntos, porque así lograrían grandes cosas. Como parte de la iniciativa, los líderes y los directivos animaron a los empleados a almorzar con alguien de otro departamento cada semana, de modo que pudieran informarse mutuamente de los retos y de los progresos. Una vez más, Nancy dio ejemplo: cada semana se llevó a una persona distinta a Grandma's Soup House, y adquirió el hábito de almorzar en la cafetería de la empresa junto a los otros empleados. Fue increíble la cantidad de información y de ideas que reunió mientras compartía la comida con sus equipos.

Para fomentar incluso más la comunicación y la transparencia, y para extender el optimismo, compartió un mensaje diario por correo electrónico, realizó una teleconferencia diaria de diez minutos con toda la empresa, ofreció actualizaciones frecuentes de sus progresos por medio de la nueva Intranet de la compañía, y celebró muchas reuniones con el ayuntamiento. Se convirtió en defensora de la comunicación positiva y frecuente, y animó a sus directivos a que hicieran lo mismo. A su vez, éstos no sólo se convirtieron en fuente de información para sus empleados, sino que escucharon con atención a sus subordinados e introdujeron cierto número de mejoras que éstos les sugirieron. Nancy y su equipo también compartieron con todos los miembros de la compañía los informes financieros críticos y el índice de participación, informándoles de en qué punto estaba la empresa y dónde tenía que llegar para alcanzar las metas establecidas. Transmitió a todo el mundo la idea de esa ventana de oportunidad orientada a los resultados que suponían aquellos 90 días, y como resultado de ello todos los empleados sintieron la responsabilidad compartida de salvar la empresa. Ya no se sentían simples empleados: ahora les daba la sensación de ser, hasta cierto punto, socios.

Aunque salvar la compañía y demostrar un progreso mensurable eran las metas a corto plazo, Nancy sabía que ésta no podía ser su única fuente de inspiración. Fijando la vista en la imagen global, no dejó de compartir la visión de «Alimentar la grandeza» dondequiera que fue. La gente tenía sus objetivos, pero necesitaban una estrella polar que les señalara el norte.

40

Los viernes del éxito

Nancy sabía que también era esencial cultivar sin cesar el optimismo y crear una predisposición mental colectiva que esperara que sucediesen grandes cosas. Para fomentarlo, Nancy hizo que cada departamento, incluyendo el de ventas, introdujera «los viernes del éxito». Esto significaba que cada viernes los equipos se reunirían, en persona o por teleconferencia, y compartirían historias de sus éxitos de aquella semana. Nancy constató que, al centrarse en los progresos semanales, sus equipos buscaban el éxito, lo esperaban y, por consiguiente, lo obtenían. Al compartir sus episodios de éxito, los empleados aprendían unos de otros y mejoraban su rendimiento individual y colectivo.

Cada semana, Nancy y su equipo subrayaban esos episodios de éxito por medio de correos electrónicos, llamadas telefónicas y la Intranet. Los empleados ya no compartían anécdotas de fracasos y desespero. Ya no se quejaban los unos a los otros sobre lo deplorables que eran sus trabajos y lo mal que iba la empresa. Ya no eran simples productores de sopa. En lugar de historias de derrota, contaban relatos de triunfo sobre la salvación de la compañía, la ayuda a los clientes, conseguir una venta importante, elaborar un proceso mejor, encontrar una solución nueva o promover una innovación. A medida que modificaban su punto de vista y sus historias, la compañía también fue cambiando. Mejoraron el rendimiento y la productividad; también lo hicieron la colaboración, el trabajo en equipo y el índice de participación. Lo mejor de todo es que las ventas aumentaron. Después de los cuarenta días ya se habían puesto en camino, pero les quedaba un largo trecho por recorrer.

41
Sáciese de apreciación

Habían pasado semanas desde la última vez que Nancy se sentó con Peter y su abuela. Aunque seguía almorzando en el restaurante con Kathryn y otros empleados, se centraba más en pasar tiempo de calidad con ellos que en conversar con la abuela y con Peter. Se saludaban y se preguntaban cómo iba todo, pero aparte de esas conversaciones rápidas no sostenían aquellos debates habituales, tan animosos e informativos. Pero hoy Nancy se presentó sola. Ahora que le quedaban cincuenta días para presentar ante la junta directiva unos resultados positivos, estaba segura de que a su sopa le faltaban algunos ingredientes, y albergaba la esperanza de que la abuela y Peter tuvieran algunas respuestas.

Cuando se reunieron con ella en su mesa favorita, Nancy les contó cómo la compañía acababa de terminar los cuarenta días de la iniciativa de participación. La cifra de ventas había aumentado, la gente estaba animada, la confianza había tocado techo y las relaciones personales se habían fortalecido. Sin embargo, seguía preocupada. Le quedaban cincuenta días, y el trabajo en equipo y el rendimiento general no estaban en el punto que ella había imaginado. La abuela le pidió que les explicara las iniciativas que había introducido hasta el momento, y Nancy se las fue detallando una a una.

—Me parece que sé lo que falta —dijo, meneando el dedo. Tenía una expresión curiosa en el rostro; era esa mirada de «la abuela sí que sabe» que nace de haber vivido una vida larga llena de desafíos y de lecciones aprendidas.

—Le falta el ingrediente de la *apreciación*. ¡Pero hay buenas noticias! —añadió la abuela con entusiasmo—. Éste es uno de los ingredientes más fáciles de añadir a su sopa, y sólo requiere una palabra sencilla pero poderosa.

¿Una palabra? —preguntó Nancy con curiosidad.

—Sí. Es una palabra capaz de transformar nuestra salud, nuestra felicidad, nuestras relaciones y nuestro éxito. Por supuesto, me refiero a la palabra *gracias*.

Peter escribió «Gracias» con letra grande en una servilleta.

—Tiene razón —intervino Peter—. En un nivel personal, los estudios demuestran que las personas agradecidas son más felices y tienen más probabilidades de mantener amistades sólidas. Según un estudio del Institute of Heart-Math, el estado de gratitud y de apreciación también mejora el funcionamiento del ritmo cardíaco, lo cual nos ayuda a reducir el estrés y a pensar con mayor claridad bajo presión, sobre todo en situaciones laborales estresantes. Además, es físicamente imposible estar estresado y agradecido al mismo tiempo, de modo que la apreciación y la gratitud nos ayudan a contrarrestar el estrés que nos dificulta cultivar relaciones estupendas. A la hora de edificar un gran equipo y una fuerza laboral participativa, la gratitud y la apreciación son esenciales para crear un entorno laboral saludable. De hecho, el principal motivo por el que las personas abandonan su empleo es porque no se sienten apreciadas.

Un sencillo «gracias» y una manifestación de apreciación pueden marcar la gran diferencia.

42

El programa de reconocimiento definitivo

—Lo irónico del caso es que, mientras sus líderes y sus equipos se esfuerzan tanto por introducir sus iniciativas de participación, usted tiene que asegurarse de participar y de reconocer el trabajo que hacen, con esta palabrita tan sencilla –añadió la abuela—. Asegúrese de decir un «gracias» sincero a todas las personas que le sea posible durante el día. Acérquese a sus directivos y dígales: «Aprecio todo lo que hace en estos momentos difíciles». Dígales: «Es usted muy importante para esta empresa y para su equipo, y sin su ayuda no podríamos salvar la compañía». Que sepan que les aprecia. Asegúrese de que sus directivos hacen lo mismo, y anime a los miembros del equipo a que reconozcan el trabajo de sus compañeros. Aquí lo hacemos todos los días, y eso supone la gran diferencia.

—Es el mejor programa de reconocimiento que existe —apuntó Peter—. Una de las cosas que estudiamos en la carrera fue el impacto que tienen los programas de reconocimiento, y aunque las compañías invierten en ellos un montón de dinero, la mayoría de programas no funciona como debería. No son sinceros ni motivan a las personas a largo plazo. Las verdaderas fuerzas impulsoras tras un trabajo excelente son el propósito, el sentido, la auto recompensa y la apreciación genuina. Con el mero hecho de compartir su apreciación puede tener un impacto mucho mayor y ahorrarse mucho dinero.

¡Caramba!, pensó Nancy. Había pensado que la respuesta sería complicada, pero una vez más la abuela le había revelado una solución sencilla. Era tan sencilla que ella y muchos otros la habían pasado por alto. Sin embargo, la clave estaba en tomar lo sencillo y ponerlo en práctica. Sabía lo que tenía que hacer.

—Os estoy tremendamente agradecida —dijo Nancy mientras se levantaba de la mesa y daba un abrazo a la abuela y a Peter; luego se dirigió a la entrada. Era hora de volver al trabajo, pero estaba agradecida por haber encontrado exactamente lo que había venido a buscar.

Antes de salir del restaurante se volvió hacia la abuela y Peter y se despidió:

—Sólo quería deciros lo mucho que os aprecio. *¡Gracias* por todo!

—Nosotros también te apreciamos, cara de ángel —dijo la abuela mientras Nancy salía por la puerta.

43

Un servicio estupendo

 Al día siguiente, mientras almorzaba en Grandma's Soup House, Nancy leyó una tarjeta que le había escrito Kathryn.

Querida Nancy:

Sólo quiero que sepas lo agradecida que estoy porque seas mi tutora. Sinceramente, hace unos meses estaba pensando en dimitir. Por mucho que necesite el trabajo y el sueldo, ya no podía seguir en un trabajo en el que yo no tuviera importancia. No soportaba venir al trabajo, y lo que es peor, odiaba a la persona en la que me había convertido mientras trabajaba aquí. Pero entonces todo cambió. Dejaste de ignorarme, empezaste a invitarme a comer. Me diste consejos y escuchaste mis ideas. Por primera vez sentí que alguien del trabajo se preocupaba por mí y apreciaba lo que yo hacía. Ahora me encanta ir a trabajar. Siento que estoy marcando una diferencia, y me gusta atender a nuestros clientes. Todo es gracias a ti. Así que muchas gracias por hacerme sentir que tengo valor. Gracias por convertir Soup Inc. en un lugar que me gusta. Espero ayudarte, y ayudar a la empresa, a conseguir grandes cosas.

KATHRYN

Nancy dejó la tarjeta sobre la mesa, se enjugó las lágrimas y se dio cuenta de que su negocio no difería mucho del de Grandma's Soup House. La clave para el éxito de ambos radicaba en un buen liderazgo y en un buen servicio. Aunque no servía comida en un restaurante, estaba en el ramo de los servicios; tenía que servir a sus empleados que, a su vez, servirían a sus clientes. Decidió que *el buen servicio al cliente consiste en servir primero a los empleados, y después a los clientes.* Si uno derrama sobre sus empleados su apreciación, cariño y respeto, ellos a su vez manifestarán tales cosas a sus clientes.

Con demasiada frecuencia las empresas centran todas sus energías en satisfacer las necesidades de los clientes, sin tener en cuenta a los empleados que atienden a aquéllos. Este enfoque puede resultar productivo a corto plazo, pero al final los empleados se cansan, se queman, se vuelven negativos y rencorosos: acaban sintiéndose utilizados.

Las compañías que ofrecían un servicio legendario siempre poseyeron las culturas más firmes, las que ofrecían más apoyo, que valoraban a los empleados, escuchándolos, atendiéndolos, sirviéndolos, apreciándolos y queriéndolos; y donde, a su vez, esos empleados valoraban, atendían, servían, apreciaban y querían a sus clientes.

«El servicio excelente empieza en nosotros —anotó Nancy en su bloc—. Si somos ejemplo, nuestros empleados lo vivirán.»

44

Dirigir con el ejemplo

Nancy, inspirada y estimulada por la tarjeta de Kathryn, hizo caso del consejo de la abuela y añadió una gran dosis de apreciación a la sopa. Adoptó la costumbre de escribir entre tres y cinco notas de agradecimiento diarias, dirigidas a los empleados y a los clientes de Soup Inc., y animó a sus líderes y directivos a hacer lo mismo. También escribió notas de gratitud a su esposo y a sus hijos, por mostrarle tanto amor y apoyo. Al cabo de poco tiempo ella y sus directivos habían escrito cientos de notas de agradecimiento, y como resultado el índice de participación seguía ascendiendo.

No obstante, a pesar de todos sus esfuerzos y su concentración en la participación, la comunicación, la formación, la tutoría y la apreciación, quedaban algunas personas, como Tom y Claire, que no participaban en absoluto. Había algunas personas que, si bien no eran abiertamente negativas, tampoco estaban entusiasmadas por trabajar en Soup Inc. Como diría la abuela, eran *fríos* (es decir, no participativos), y cuando sólo le quedaban treinta días para convencer a la junta de que no vendiera la compañía, Nancy sabía que tenía que hacer algo respecto a esos trabajadores desvinculados. Aún quedaba un ingrediente más que tendría que añadir para que la sopa fuera *caliente*.

45

La noche del viernes

A Nancy le encantaba asistir a los partidos de fútbol de sus hijos los viernes por
la tarde. Recordaba que, incluso siendo
niña, siempre estaba en las gradas o en las bandas del campo mientras su padre jugaba al fútbol o entrenaba a su
equipo. Había sido un jugador titular del equipo all-Ame-
rican en la universidad, jugador de la Pro Bowl y entrenador del Hall of Fame en la NFL. Aunque su padre ya no
estaba con ella, Nancy sentía su presencia sobre todo durante los partidos, y sabía que le hubiera encantado ver
jugar a sus nietos. Tenían su talento, su estatura y su fuego.

También le gustaba ir a los partidos porque le ofrecían
una gran evasión del trabajo. Se metía de lleno en los partidos y gritaba con tanta fuerza que sus hijos le habían
pedido que bajase un poco el volumen. Nunca se llevaba
trabajo a los partidos, pero sin embargo esa noche de viernes en concreto descubrió algo en un partido que pensó
llevarse al trabajo el lunes siguiente.

Mientras veía cómo los jugadores invertían hasta la última gota de sus energías en el campo, y a los entrenadores
que andaban de un lado para otro, gritaban y animaban

desde las bandas, descubrió el ingrediente que tenía que añadir a su sopa para que fuera *caliente*. Siempre había oído decir que las *organizaciones* no cambian, pero las *personas* sí. Entonces, unos individuos transformados provocan cambios en la organización. Las personas frías no lo hacen. Necesitaba a personas *calientes* que elaborasen sopa *caliente*.

46

La pasión

Nancy necesitaba a personas ardientes de pasión. La pasión era el ingrediente que los llevaría hasta la cumbre. Pasión era lo que había visto en el terreno de juego. Los jugadores y los entrenadores la tenían, y su compañía la necesitaba. Cuando llegó a su casa aquella noche, escribió un memorando que pensaba compartir el lunes con toda la empresa:

Si nosotros, como compañía, queremos alimentar la grandeza y construir una compañía de talla mundial, necesitamos infundir pasión a nuestra sopa y también a nosotros mismos. Esto quiere decir que hemos de ser una empresa llena de personas apasionadas. En el pasado se podía ser tibio y mediocre y aun así tener éxito. Ahora ya no.

Hoy día, en nuestro entorno competitivo, nuestra pasión y nuestro propósito deben ser mayores que sus retos. Para tener éxito debemos estar dispuestos a trabajar más, aprender más, practicar más, dirigir mejor, sonreír más y amar más, y todo esto exige pasión.

La pasión nos levanta de la cama media hora antes. Nos hace discar un número más para hacer una venta. Anima al equipo a unirse en circunstancias difíciles. Nos induce a visitar un cliente más después de un día largo. Nos inspira para ayudar a un colega con problemas. Ofrece un servicio maravilloso al cliente. La pasión transforma el lugar de trabajo, da alas a los campeones y alimenta a los equipos ganadores.

Puede que alguien pregunte: «¿Y qué pasa si alguien tiene un trabajo mal pagado o tiene una tarea por la que, sinceramente, cuesta sentir pasión?» He estado pensando mucho en esto, y lo importante no es el trabajo ni el dinero que uno reciba, sino más bien la pasión que aporte a su trabajo. Después de todo, he conocido a conductores de autobús a quienes su trabajo les apasiona más de lo que hace el suyo a atletas profesionales que ganan millones de dólares. Me he abierto camino en incontables trabajos, y me apasionaba tanto reponer artículos en las estanterías como me apasiona hoy ser la directora de esta compañía.

Sí, soy consciente de que no todo el mundo se apasionará con las responsabilidades que tiene cada día asociadas con su empleo. Sin duda, yo no me apasiono con todas las cosas que debo hacer diariamente. Sin embargo, en esos casos podemos centrarnos en esa faceta de nuestro trabajo que sí nos apasiona. Podemos sentir pasión por la organización para la que trabajamos. Podemos sentir pasión por los miembros de nuestro equipo y ayudarles a mejorar, crecer y alcanzar el éxito. Podemos sentir pasión por nuestra misión y nuestros clientes. Puede apasionarnos el hecho de marcar una diferencia.

A todos aquellos de esta empresa que sienten que son incapaces de manifestar su pasión porque ocupan un cargo que no les va y preferirían hacer otra cosa en Soup Inc. tengo que decirles algo con toda sinceridad: haremos todo lo que esté en nuestra mano para encontrar un rol o una posición en esta compañía que les permita invertir sus dones y sus puntos fuertes para servirla con pasión. Y si en Soup Inc. no hay ningún trabajo que les apasione y prefieren dedicarse a otra cosa, tampoco pasa nada. Haremos todo lo posible para ayudarles a encontrar un empleo con otra empresa que les permita expresar y vivir su pasión. Esto es bueno para ustedes y para su futuro, y también lo es para nosotros.

Trabajar en otro lugar para vivir su pasión les ayudará a crecer, y también dejará sitio en nuestra organización para aquellos que se han apasionado con Soup Inc.; y, con una compañía repleta de personas apasionadas, también nosotros progresaremos.

A continuación Nancy celebró una reunión con todos sus líderes y directivos, dejándoles claro que debían insuflar pasión a sus equipos. Debían contratar a personas apasionadas, y ayudar a otros a encontrar su pasión dentro de la empresa o, si fuera necesario, fuera de ella. Si querían tener éxito, su pasión debía ser mayor que sus retos, y sería la clave para llevarlos al nivel siguiente. No sólo durante los treinta días siguientes, sino durante el resto de sus vidas.

Nancy inspiró a sus directivos para que ayudasen a todos los miembros de su equipo a encontrar su pasión, añadiendo: «Si no están seguros de cuál es su pasión, anímenles a pensar en su propósito». Nancy sabía que cuando las personas están más pletóricas es cuando usan sus fortalezas y sus dones con un propósito que está fuera de sí mismas. La pasión fluye del propósito; por lo tanto, al vivir su propósito, usted vive con pasión. «Y si la gente no está segura de cuál es su propósito —prosiguió Nancy—, anímenles a pensar en su legado. ¿Por qué? Porque *saber cómo quieren que les recuerden les ayuda a decidir cómo vivir hoy, y dejar un legado les dotará de un propósito que liberará su pasión.*»

También les dijo que la pasión debía nacer en el interior. «Nadie puede mover el cucharón por otra persona. Cada uno tiene su propia cuchara. Como directivo, si uno trabaja más por el éxito de sus empleados de lo que lo hacen ellos mismos, entonces tendrá que dejar que se vayan.» Era un amor duro, pero el amor que duele ayudaría a todo el mundo a ser lo mejor que podían ser. El padre de Nancy siempre le dijo que para que una persona sea la mejor versión de sí misma hay que exiliarla de su zona de comodidad, y ella y sus líderes empujarían a todo el mundo para dar el cien por cien de sí mismos.

La tibieza no era una opción. La sopa fría era ordinaria. La respuesta era la sopa caliente.

47

Sopa caliente

Durante los treinta días siguientes, la sopa no sólo estuvo caliente: *humeaba*. El memorando de Nancy fue muy bien recibido, y los empleados reaccionaron trabajando con más pasión que nunca. Lo que les había dicho era la verdad, y todos lo sabían. Además, como Nancy había dado ejemplo con su vida y había compartido su propia pasión, poseía una autoridad moral. No la consideraban una hipócrita, que decía una cosa y hacía otra; vivía y respiraba todo lo que decía. Sobre todo, como ella y sus líderes y directivos habían pasado tanto tiempo comunicándose, forjando relaciones e invirtiendo en sus empleados, éstos confiaban en ellos. Cuando usaban ese amor que hace llorar, los suyos sabían que era porque se preocupaban por la compañía, no porque persiguieran sus propios intereses personales. Como habían desarrollado relaciones participativas, los trabajadores cumplían con más facilidad sus normas. Nancy se dio cuenta de que la confianza y la capacidad de caer bien eran dos factores curiosos, porque dos líderes podían establecer exactamente las mismas normas y, aun así, era más probable que la gente cumpliera y aceptase las normas del líder que les gustaba y en quien más confiaban.

Aunque todo el mundo confiaba en Nancy y les caía bien, no todo el mundo se quedó en Soup Inc. Algunas personas (Tom, Claire y otros veinte empleados) se fueron, y estuvo bien. Era evidente que estaban destinados a encontrar su pasión en otro lugar, y que en Soup Inc. sólo ocupaban espacio.

—Éste es el beneficio de construir una cultura de la grandeza —le dijo Nancy a Brenda—. Cuando construyes la cultura idónea, no tienes que echar a la gente del autobús. Se bajan ellos mismos, porque no encajan.

Nancy también dejó claro que ser apasionado no significa que una tenga que ir todo el día dando saltos y vivas tras la mesa del despacho. La gente manifiesta su pasión de formas distintas; había personas que la manifestaron sin alharacas. La clave era que la pasión que sentía cada individuo por su trabajo, su equipo y la compañía se reflejara en su trabajo y en los resultados. Nancy sacó su bloc de notas y añadió a su lista de ingredientes la *apreciación* y la *pasión*.

> Remueva la olla con <u>amor</u>
> Dirija con <u>optimismo</u>
> Comparta la <u>visión</u>
> Edifique la <u>confianza</u>
> Llene el vacío con una <u>comunicación</u> positiva
> Añada una gran dosis de <u>transparencia</u>
> y de <u>autenticidad</u>
> Forje <u>relaciones participativas</u>
> Combine la <u>inspiración</u>, el <u>ánimo</u>, la <u>capacitación</u>
> y la <u>formación</u>
> Alimente con <u>apreciación</u>
> Caliente con <u>pasión</u>

48

Una sopa más sabrosa

Mientras Nancy aguardaba la reunión de la junta que decidiría su futuro y el de Soup Inc., empezó a suceder algo curioso. La compañía empezó a recibir llamadas telefónicas y correos electrónicos de clientes que preguntaban qué había cambiado en la receta de la sopa. Incontables clientes afirmaban que la sopa sabía mejor. Preguntaban si la compañía había mejorado la receta y, de ser así, por qué no lo indicaban en la lata. Sin embargo, Soup Inc. no había alterado la receta en absoluto. La compañía usaba las mismas instalaciones, los mismos ingredientes y el mismo proceso. «Lo único que ha cambiado, —dijo Nancy a los empleados durante una teleconferencia—, somos *nosotros*. Hemos cambiado. Somos el ingrediente más importante, y nuestro amor, pasión y trabajo en equipo han hecho que la sopa sea aún mejor.»

Aunque algunos empleados pensaron que se trataba sólo de una coincidencia, Nancy sabía que había algo más. Pensaba que existe un espíritu, una esencia, un núcleo que irradia la cultura de una gran compañía y que persuade a los clientes para que elijan su producto en las estanterías o frecuenten sus tiendas. Algunas empresas lo tenían, al igual que algunas marcas o determinadas personas. No se podía explicar ni cuantificar. Era una de esas cosas místicas que no se pueden analizar con instrumentos, pero que se sabe que existen. Existe un mundo físico y otro espiritual, y lo invisible es más poderoso que lo visible. Nancy llevaba años comprando una marca determinada de leche sin pensárselo dos veces. Después de conocer al director de la compañía lechera y descubrir más cosas sobre la cultura de la empresa, fue evidente que tras su decisión existía un determinante oculto y un poder invisible. No era el diseño del brik ni su precio; era la compañía, el personal y la misión tras la marca lo que la atraía trascendiendo sus cinco sentidos. Por el mismo motivo que «quien remueve la olla influye en lo que hay dentro», ahora el público decía que su sopa sabía mejor. Cuando los empleados aman su empresa, esto se refleja en el mercado y, a su vez, a los clientes les encanta el producto. Eso es lo que ahora echaba raíces en Soup Inc.

Nancy decidió que la mejor estrategia de ventas posible era crear una gran cultura llena de personas participativas que se apasionaran por la compañía para la que trabajaban, el trabajo que desempeñaban y el producto que vendían. Esto crearía una marca que llamaría a los clientes, lo cual conduciría a un aumento de las ventas de mercado.

Los directores estaban a punto de tomar su decisión, y aunque Nancy no podía controlarla, estaba orgullosa de que hubieran creado el tipo de cultura que hacía que la sopa fuera más deliciosa para sus clientes, y confiaba en ella. Si la junta tomaba la decisión correcta y permitía que Nancy y sus directivos siguieran levantando su compañía y su cultura, ella y su equipo seguirían creando el tipo de energía que haría que las latas de sopa desaparecieran de los estantes cada vez en mayores cantidades.

La cultura no sólo impulsa la conducta y los hábitos, sino también las ventas.

49

La decisión

El padre de Nancy siempre le había dijo que los mejores entre los mejores esperan ganar. Da lo mismo que entren en un campo de fútbol americano, una pista de tenis o una sala de reuniones: los ganadores esperan un resultado excelente. Las palabras de su padre resonaban alto y claro en su mente cuando entró en la sala de juntas. Era el Día D, el día de la decisión, y Nancy esperaba un buen resultado. Hizo que les trajeran el almuerzo de Grandma's Soup House, con la esperanza de que el aroma y el sabor de la sopa levantara los ánimos de los miembros de la junta, incluso de aquellos apáticos y desanimados. Los miembros de la junta sonreían mientras tomaban la sopa y leían los informes.

—Una sopa increíble —dijo uno de los miembros de la junta mirando a Nancy y a Brenda.

—Es de un excelente restaurante del centro —le informó Brenda.

Otro miembro de la junta intervino:

—No digo que nuestra sopa no sea buena, porque lo es y mucho, pero tengo que decir que ésta es de las mejores sopas que he probado jamás.

Un tercer miembro lo corroboró:

—Si vendiéramos esta sopa no tendríamos que preocuparnos de nada.

Nancy sonrió, sabiendo que aquella sopa tan deliciosa no era el *único* secreto para el éxito de una compañía, aunque el entusiasmo de los directores por la sopa de la abuela le dio una idea.

—Basta ya de hablar del almuerzo —llamó a capítulo el presidente de la junta—. Me impresionan más las cifras que nos ha expuesto Nancy. Las ventas han aumentado. La participación ha aumentado notablemente. Los costes son los previstos. Si continúa esta tendencia, podríamos tener nuestro primer trimestre con beneficios en mucho tiempo. Así que, ¿cree que puede mantener esta línea? —preguntó el presidente.

—Sí —contestó Nancy.

—¿Cómo puede estar segura? —inquirió uno de los miembros más pesimistas de la junta. A éste le gustaba hacer de abogado del diablo, pero Nancy tenía toda una vida de práctica para lidiar con personas como aquélla.

—Ah, estoy muy segura —replicó Nancy con una gran sonrisa—. Digamos solamente que he encontrado la receta secreta para elaborar una sopa estupenda.

Los miembros de la junta se miraron unos a otros y sonrieron. No sabían si Nancy lo decía en serio, pero era evidente que el aumento en las ventas y la mejora del rendimiento en la empresa eran muy firmes.

Ya fuera que les convencieron las cifras o la confianza de Nancy en que el crecimiento era sostenible, la junta votó por unanimidad no vender la compañía ni aceptar ofertas futuras. Soup Inc. Ya no estaba en venta oficialmente, y los periodistas financieros y los programas de economía de los medios tendrían que encontrar otro saco de boxeo. A partir de ese momento, Soup Inc. sería una historia de éxito, no de disfunción.

50

Una oferta que no pudieron rechazar

 —Bueno, ¿cómo fue? —preguntaron Peter y su abuela a Nancy, que estaba sentada al otro lado de la mesa.

—¡Mejor de lo que podéis imaginar! —exclamó—. Oficialmente ya no estamos a la venta, y ahora puedo seguir edificando esta compañía. Vamos a lanzar una campaña de participación llamada «Somos una familia», para fortalecer el impulso que hemos alcanzado. Actualizaremos las etiquetas de algunas de nuestras sopas. Vamos a centrarnos en ampliar el espacio dedicado a estanterías en nuestras tiendas. Y, lo que es más emocionante, vamos a añadir una nueva línea de sopa.

—¿Cómo la vais a llamar? —preguntó Peter.

—Estaba pensando en un nombre sencillo —respondió Nancy—, que produzca una sensación cálida y agradable, y que transmita a nuestros clientes el mensaje de que es algo «casero». ¿Cómo os suena «La sopa de la abuela»?

—Me encanta —terció la aludida—. Pero ¿qué tipo de sopa será? Tiene que ser buena.

—Oh, será excelente —repuso Nancy—. Será la mejor sopa que haya probado nadie.

Peter y la abuela intercambiaron una mirada.

—Sí —insistió Nancy—, quiero licenciar *vuestra* sopa, y digamos que, al hacerlo, Peter ya no tendrá que preocuparse por si podrá pagar la educación universitaria de sus hijos.

—Primero tendré que encontrar a alguien con quien casarme —comentó Peter, ruborizándose.

—Ah, eso ya llegará, joven. Me da la sensación de que no estarás mucho tiempo soltero.

—No me alteréis las recetas —dijo la abuela mientras meneaba el dedo.

—No lo haremos —le aseguró Nancy.

—Y además tendré que enseñar a vuestros empleados cómo prepararla. Ya sé que tenéis esas máquinas tan grandes —observó, moviendo otra vez el dedo—, así que tendremos que asegurarnos de que se pueda mantener la calidad cuando se hagan cantidades tan grandes.

—Podéis hacer todas las pruebas de calidad que os apetezca —dijo Nancy—. No le pondría vuestro nombre a una sopa mediocre. Después de todo, vosotros sois el motivo de que Soup Inc. tenga un futuro. No sé cómo daros las gracias. Ésta es una de las maneras en que quiero agradecéroslo y, sinceramente, creo que a nuestra compañía le beneficiará tremendamente contar con vuestra sopa en las tiendas... por no hablar de todas las personas que podrán disfrutar de ella.

—Yo no salvé vuestra empresa —dijo la abuela—. Peter y yo solamente compartimos contigo los ingredientes. Tú eres la que los combinó.

—Ya, pero no podría haberlo hecho sin vosotros. Y ahora quiero seguir levantando la empresa con vosotros. Después de todo, para mí ya no sois solamente amigos: sois *familia* —manifestó Nancy con una gran sonrisa—. Así que, ¿qué me decís?

La abuela y Peter se miraron otra vez.

—Vale, trato hecho —dijo la abuela poniéndose en pie y dándole un fuerte abrazo a Nancy.

—Por supuesto —la secundó Peter—. Sólo quiero ver las cláusulas del contrato.

Por supuesto —repitió Nancy—. Os haré llegar el contrato, y estoy convencida de que este trato hará que todos salgamos ganando.

—En ese caso, yo también estoy de acuerdo —dijo Peter sonriendo. Sabía que su futuro se presentaba brillante. Ahora sólo le quedaba encontrar a alguien con quien compartirlo.

51

El poder de las relaciones

Nancy volvió andando a la sede de Soup Inc. pensando en todo el potencial de marketing asociado con la sopa de la abuela. Hacía seis meses eran perfectos desconocidos, y ahora, después de una relación fructífera que había ayudado a Nancy a salvar su empresa, iban a hacer negocios juntos. Pensó en todos los puntos de inflexión en su vida, y se dio cuenta de que cada uno de esos momentos importantes se debió a una u otra relación personal. Había conocido a su esposo a través de una relación. Obtuvo su primer empleo al salir de la universidad gracias a un contacto. En Soup Inc. la habían contratado gracias a un conocido. Razonó que las personas que conocemos y las relaciones que forjamos son las que tienen mayor influencia en el curso de nuestras vidas.

Ésta fue una lección que quiso impartir a sus hijos y a todos los que quisieran escucharla: «El mundo es un mosaico de personas y de oportunidades, y cuando hacemos de las relaciones nuestra prioridad, las posibilidades son infinitas. Las grandes relaciones conducen a grandes resultados. Es preciso desarrollar todas las relaciones estupendas que sea posible. Hay que buscar tiempo para ellas; alimentarlas; hacerlas participativas, y no sólo en el trabajo, sino también en el hogar, en el barrio, en los aviones, en el terreno de juego: en todas partes. Nunca se sabe de dónde saldrá la próxima idea, oportunidad o momento transformador, o que relación personal estará detrás de ellos.»

52

Unidad

Situémonos tres meses más tarde: Nancy paseó la vista por la sala de baile. Había organizado una reunión para toda la compañía con objeto de celebrar el éxito de Soup Inc. Ella y sus equipos habían puesto en práctica la campaña de participación «Somos una familia» una semana después de la reunión de la junta, y como resultado de ello las ventas y los beneficios seguían aumentando, al igual que la moral y la participación. A Nancy le había inquietado pensar que, una vez salvaran la empresa, los trabajadores retornarían a su forma antigua de hacer las cosas, pero ése no fue el caso. Dotados de una visión unificadora y del compromiso para crear una cultura de la grandeza y de las relaciones participativas, todos los miembros de la empresa se concentraban en la mejora constante, día a día, mes a mes, trimestre a trimestre. No se concentraban en lo eficaces que eran, sino más bien en lo mucho que podrían mejorar. Este punto de vista, este empuje y esta pasión permeaban toda la cultura, y Nancy sabía que necesitaban aquella celebración para honrar su trabajo duro y sus esfuerzos.

Sin embargo, no fue la típica reunión de empresa. En

lugar de invitar solamente a los empleados, Nancy también invitó a sus familias. Su padre siempre le había dicho que la unidad suponía la diferencia entre un equipo normal y uno excelente, y la unidad significaba ser una sola familia. No bastaba con tener a bordo a los empleados; la unidad y la participación genuinas se basaban en subir a bordo también a las familias de los trabajadores. Todo el mundo, incluyendo los familiares de los empleados, contribuían a su cultura y tenían un papel a la hora de remover la olla. Aunque muchos líderes intentaban separar la vida personal de la profesional, Nancy sabía que aquella línea era difusa. Una influía en la otra.

Durante la celebración de la compañía, concedió premios y expresó su reconocimiento a los empleados no sólo delante de sus compañeros, sino también de sus familias. Compartió la visión, las cifras y las metas. Describió el punto en que estaba la compañía, el camino recorrido y el que quedaba por delante. Creía que si los cónyuges y otros familiares cercanos conocían los resultados y aceptaban la visión, respaldarían más el trabajo de sus allegados, sobre todo cuando éstos tenían que viajar o trabajar horas extras. Contar con el apoyo de sus familias haría que a los empleados les hiciera sentirse mejor su trabajo, y que participasen incluso más. En lugar de estar unidos en el trabajo y divididos en casa, sería una familia, cuyos miembros removerían la olla para crear una cultura de la grandeza, y esa unidad les haría alcanzar incluso cotas más elevadas.

Para reforzar este mensaje, mientras pronunciaba sus conclusiones Nancy pidió a su equipo de líderes y de directivos que entregasen una cuchara de madera a cada empleado y a cada miembro de sus familias. Recordó a todos que, para ser una gran empresa, necesitaban que todos los presentes removieran la olla. Si lo hacían juntos, si vertían su corazón y su alma en la elaboración de una buena sopa, lograrían cosas increíbles.

Hacia el final de la velada, Nancy paseó la vista por la sala y vio a su esposo y a sus hijos que charlaban con Peter y Brenda. Peter, además de dirigir Grandma's Soup House, era asesor de Soup Inc., y una pieza clave para desarrollar el programa de formación y educativo de la Universidad de la Sopa. Como parte de su trabajo colaboraba un tanto con Brenda, y descubrieron que ambos compartían su amor por el negocio y por la sopa. Nancy ahogó una risita mientras observaba a Peter y Brenda que, tomados de la mano, hablaban con su esposo y sus hijos. Sí, sin duda Soup Inc. se estaba convirtiendo en una familia, y juntos preparaban una sopa deliciosa.

Consultó su teléfono y vio que le había llegado un correo electrónico de su agente de viajes. Estaba deseando que llegaran las vacaciones que pasaría con su esposo y sus hijos. Se irían a una isla sin cobertura de móvil, sin correos ni interrupciones. Había trabajado muchísimo para alimentar a su familia laboral y sabía que, para tener un éxito genuino, también tendría que nutrir a su esposo, sus hijos y su propia alma.

53

El recetario

Tres meses después, Nancy entró en Grandma's Soup House cargada con una pila de libros. Durante el año anterior había colgado en un gran panel informativo de su despacho todas las ideas que Peter le había anotado en servilletas. También había añadido sus propios pensamientos e inspiraciones, además de puntos de vista que le ofrecieron Brenda y otros empleados. Al final su despacho estaba prácticamente empapelado con los ingredientes, principios y sugerencias para elaborar buena sopa. Un día decidió tomar todos los ingredientes, las estrategias y las ideas que puso en práctica en Soup Inc. y publicarlas en un recetario, con la ayuda de Peter, por supuesto. No era un recetario para elaborar sopa de verdad, sino más bien para alimentar a su equipo y su cultura.

Repartió ejemplares del libro a todos los empleados de Soup Inc., y organizó también su distribución entre los alumnos de todos los programas de MBA en los que daba conferencias. Su reactivación de Soup Inc. se había convertido en leyenda, y la invitaban frecuentemente a dar charlas de apertura en seminarios empresariales y universidades, para que expusiera su receta para el éxito. Nancy aprovechaba esas oportunidades para compartir la renovación de su empresa, con la esperanza de que su historia, y el recetario, ayudaran a otros a superar sus propios retos y construir sus propios triunfos.

Sin embargo, en todas las charlas que daba y en su recetario, Nancy introducía una advertencia: que conocer la receta y los ingredientes no garantizaba el éxito. Todo el mundo podía memorizar la receta y los ingredientes. El verdadero arte radicaba en elaborar la receta y, durante el proceso, era esencial que los líderes refinasen la receta, que la adaptasen a su propia cultura y gustos, y que añadieran ingredientes adicionales conforme creyesen oportuno. Al final, cada persona tendría que crear su propia receta para el éxito, y Nancy tenía la esperanza de que su recetario sirviera como guía para hacerlo.

Nancy entregó a Peter un montón de libros, mientras la abuela sonreía orgullosa. Cuando la abuela abrió uno de los ejemplares le gustó especialmente lo que Nancy había escrito en la primera página. Decía, en letras grandes y en negrita:

Quien remueve la olla es el ingrediente más importante de la sopa. ¡Hazlo lo mejor que puedas y remueve la olla con amor!

Para obtener ideas y estrategias para iniciar su propio programa de participación, visite:

www.soup11.com

Una receta para alimentar a su equipo y su cultura

Remueva la olla con amor

Dirija con optimismo

Comparta la visión

Edifique la confianza

Llene el vacío con una comunicación positiva

Añada una gran dosis de transparencia
y de autenticidad

Forje relaciones participativas

Combine la inspiración, el ánimo, la capacitación
y la formación

Alimente con apreciación

Caliente con pasión

Líguelo todo con unidad

Alimente a su equipo y su cultura

Si le interesa el liderazgo, las ventas y los programas para construir su equipo, o los talleres basados en los principios de *Sopa*, contacte con The Jon Gordon Companies, Inc.:

E-mail: info@jongordon.com
Página web: www.JonGordon.com
830-12 A1AN.
Suite 111
Ponte Vedra Beach, FL 32082

Apúntese a la newsletter digital y semanal de Jon Gordon en:

www.JonGordon.com

Visítenos en la web:

www.empresaactiva.com